AF311816

BEAUX LIVRES MODERNES

PROVENANT

DE LA BIBLIOTHÈQUE DE Mme W.-R.

PRÉFACE DE M. EDMOND HARAUCOURT

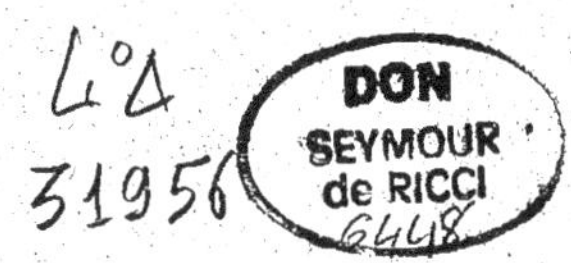

LA VENTE AURA LIEU

Le Lundi 11 et le Mardi 12 Mai 1925

à 2 heures précises

HÔTEL DES COMMISSAIRES-PRISEURS, 9, RUE DROUOT

Salle N° 10

par le ministère de Me **HENRI BAUDOIN**, commissaire-priseur

10, RUE GRANGE-BATELIÈRE, 10

Assisté de **M. J.-A. QUEREUIL**, libraire-expert

12, RUE JACOB

R. C. Seine, 46 159

EXPOSITION

Les livres composant ce catalogue pourront être examinés chez M. J.-A. Quereuil, du 2 au 8 mai, de 10 heures à midi et de 2 heures à 5 heures, et à l'Hôtel Drouot (salle 10) le dimanche 10 mai, de 2 heures à 5 heures.

VOIR L'ORDRE DES VACATIONS A LA FIN DU CATALOGUE

CONDITIONS DE LA VENTE

La vente se fait au comptant.

Les acquéreurs paieront 19,50 pour 100 en sus des enchères pour les livres dits de luxe ou pouvant être classés dans cette catégorie, et 13,50 pour les autres livres.

Les livres vendus devront être collationnés dans les vingt-quatre heures qui suivent l'adjudication. Passé ce délai, ils ne seront repris pour aucune cause.

M. J.-A. Quereuil se réserve la faculté, dans l'intérêt de la vente, de réunir ou de diviser les numéros du catalogue. Il remplira, aux conditions d'usage, les commissions qu'on voudra bien lui confier.

CATALOGUE

DE

BEAUX LIVRES MODERNES

PROVENANT

DE LA BIBLIOTHÈQUE DE Mme W.-R.

ÉDITIONS DE LUXE ET LIVRES ILLUSTRÉS
RELIURES D'ART (LA PLUPART DÉCORÉES PAR Mme W.-R.)
BEAUX-ARTS. — DIVERS

PARIS

J.-A. QUEREUIL

Libraire-Expert

12, RUE JACOB (6e ARR^t)

1925

PRÉFACE

Tout le monde sait qu'une ligue franco-anglo-américaine s'est fondée à Paris pour lutter contre le Cancer et qu'elle est reconnue d'utilité publique ; les adhérents savent aussi que les fonds recueillis servent à hospitaliser les malades et à subventionner les laboratoires où s'effectuent les recherches qui permettront de combattre un fléau grandissant ; enfin quelques amis savent dans quel sentiment et avec quelle passion Mme W.-R. s'intéressa, dès le début, à cette œuvre de philanthropie.

Les mêmes raisons la décident à réaliser dès aujourd'hui la donation qu'elle destinait à la Ligue ; afin d'associer à son geste une mémoire chère, elle se sépare des livres qui furent les compagnons spirituels du passé.

Nous les avons vus, ces livres, entrer l'un après l'autre dans la maison. On les a choyés et aimés. Presque tous étaient des ouvrages de luxe, des éditions rares, des Chine, des Japon, des Hollande, des exemplaires avec double suite, d'autres enrichis de dessins originaux ou ennoblis de dédicace. Dans les *Chansons de Bilitis* et dans *Aphrodite*, de Pierre Louÿs, voici la série complète des crayons de Raphaël Collin, les croquis et les études qui tantôt lui serviront pour la composition de ses planches ; dans la *Cathédrale* de J.-K. Huysmans, une aquarelle de Charles Jouas et ses eaux-fortes tirées sur satin ; dans la *Fille aux Yeux d'Or* de Balzac, un panneau peint par Henri Gervex, encastré sur le premier plat, annonce la reproduction de ses trente-deux aquarelles. Posée comme une énigme dans son cadre de roses, de lauriers et de turquoises, voici l'inquiétante *Thaïs* d'Anatole France, qu'illustra Paul-Albert Laurens. Puis, la *Salammbô* de Flaubert, évoquée par Georges Rochegrosse, avec les trois états des eaux-fortes de Champollion ; les *Voyages* de Rabelais en Italie, enchâssés avec une magnificence florentine ; et les admirables encadrements de Carlos Schwabe, pour les *Fleurs du Mal* de Baudelaire, pour la *Vie des Abeilles* de Maeterlinck, pour l'*Évangile de l'Enfance du Christ*, mis en français par Catulle Mendès. Et tant d'autres, superbement édités par Ferroud, Piazza, Kieffer, Blaizot, pour les Amis du Livre Moderne, pour la Collection des Dix, etc.

Nombre d'entre eux restèrent brochés ; les plus favorisés recevaient une vêture somptueuse : Mme W.-R. a poursuivi pendant trente années ce travail qui faisait sa joie. Dans l'angle du salon où défilèrent tant de visiteurs illustres, les familiers assistaient à son labeur multiple, regardant naître tour à tour les cuirs gravés ou brûlés, les mosaïques de cuirs, les plaques de corne ciselée et les plaques d'argent repoussé, les ivoires sertis dans l'or, les soies enluminées d'aquarelles pour les gardes et les contre-gardes ; partout se décelait un souci d'identifier le décor avec l'œuvre et de mettre les tons en harmonie avec l'idée ; partout se révélaient les trouvailles d'une ingénieuse fantaisie, une liberté savante avec le frein du goût.

Les reliures que Mme W. R. ne décorait pas elle-même étaient confiées à des artistes dont le talent restera célèbre parmi les amateurs de l'avenir. Quand leur toilette était finie, les volumes nouveau-venus rejoignaient leurs aînés sur les rayons de la bibliothèque intime ; ils formaient là une famille d'esprits où l'on venait se délasser, au soir des temps heureux...

A présent, les rayons sont vides ; les nobles livres sont partis ; et celui qui a reçu la mission de présenter ce catalogue n'entendra pas sans tristesse le coup de marteau qui va les disperser.

Edmond Haraucourt.

PREMIÈRE PARTIE

LIVRES ILLUSTRÉS
ET BELLES RELIURES MODERNES

ÉDITIONS ORIGINALES D'AUTEURS CONTEMPORAINS

1. **Abailard et Héloïse.** Lettres, traduites sur les manuscrits de la Bibliothèque Royale par F. Oddoul ; précédées d'un essai historique par M. et Mme Guizot. Édition illustrée par J. Gigoux. *Paris, E. Houdaille*, 1839. Gr. in-8, 2 vol., mar. rouge, dos jans., intér. bordé de mar. et encadré de 2 fil. à froid, doublé de grands cuirs incisés, peints et rehaussés d'or, décorés de deux compositions dont la première montre les mains des amants unies sous une branche de saule, et la seconde une branche de rosier aux fleurs d'or déployée devant un rideau de cyprès, ces décors répétés dans le second vol. sont encadrés d'une guirlande de cœurs rouges traversés d'une ronce dans une large bordure à fond d'or ; gardes en soie peintes, ornées d'un paysage avec grandes fleurs au premier plan, doubles gardes, t. dor., n. rogné, couv. et dos conservés, étuis (*Rel. de R. Kieffer, décoration intérieure par Mme W.-R.*).

Édition illustrée de gravures sur bois : nombreuses vignettes dans le texte et 40 planches hors texte (avec la lettre).

Bel exemplaire enrichi d'une suite de 9 dessins de l'époque romantique (à la sépia, et non signés). Les sujets de ces dessins sont différents des illustrations de l'édition.

2. **Album-Pan** trimestriel. N°s 1 et 2. *Édition de la Maison Moderne, Paris* (s. d.). In-fol., 2 vol., dans les cartons de l'éditeur.

Publication tirée à 200 exempl. — Chaque album contient un avant-propos de G. Geffroy et *dix planches* (bois, eaux-fortes, ou lithographies) parmi lesquelles on remarque des œuvres de *Manet, Rodin, Brankwyn*, etc.

3. **Andersen** (H.-C.). Histoires et Aventures. Traduction nouvelle, précédée d'une préface de Eugène Rodrigues. Eaux-fortes originales et bois dessinés par Alexandre Lunois. *Paris*, 1909. In-8, en feuilles, dans un portefeuille.

> Edition publiée par *A. Lunois*. Texte imprimé en noir, rouge et violet ; orné de petits bois en camaïeu gravés par *Suzanne Lepère*, et de vignettes à l'eau-forte, avec 11 eaux-fortes hors texte.
> Tirage à 155 exempl. — L'un des 125 exempl. **sur papier de cuve d'Arches** (N° 106).

4. **Andersen** (H.-C.). La Reine des Neiges et quelques autres contes illustrés par Edmond Dulac. *Paris, H. Piazza* (1911). In-4, broché, couv. en couleur et or, étui.

> Texte encadré, 28 planches hors texte en couleurs.
> Tirage à 500 exempl. sur Japon (N° 212).

5. **Aristophane**. Lysistraté. Traduit du grec par Lucien Dhuys. Gravures originales de François Kupka, préface de Lucien Dhuys. *Paris, A. Blaizot*, 1911. Gr. in-8, mar. citron, dos jans., premier plat orné d'une composition peinte et rehaussée d'or (coupe et vases antiques), couronne de roses rouges peinte au centre du second plat, bordure intér. encadrée de 3 fil. à froid, motifs de vases antiques peints sur les doublures en vél. et les gardes en soie, doubles gardes, t. dor., couv. et dos conservés, étui (*Décoration extérieure et intérieure par M*^me^ *W.-R.*).

> Edition tirée à 260 exempl. — L'un des 150 exempl. **sur papier vélin d'Arches** (N° 223). On y a joint le *prospectus* de l'édition.

6. **Arnoux** (Alexandre). La Légende du roi Arthur et des Chevaliers de la Table Ronde, d'après les textes anciens, Illustrations de A. Rackham. *Paris, H. Piazza* (1920). In-4, broché, couv. illustrée en couleurs.

> Texte encadré ; 22 planches hors texte en noir et en couleurs.
> Tirage à 1500 exempl. sur Japon (N° 1087).

7. **Bainville** (Jacques). Filiations. *Paris, à la Cité des Livres*, 1923. In-16, broché.

> EDITION ORIGINALE. — *Exempl. sur papier vélin pur fil.*

8. **Balzac** (H. de). Eugénie Grandet. Vingt-six compositions par Auguste Leroux, gravées sur bois par E. Florian, Froment et Duplessis. *Paris, F. Ferroud*, 1911. In-4, broché, couv. illustrée en couleurs.

> Gravures sur bois en couleurs hors texte et dans le texte.
> Tirage à 1200 exempl. — L'un des 20 exempl. réimposés, **sur papier de Chine** avec les gravures **en 3 états** et une **aquarelle originale** inédite de *Aug. Leroux.*

9. **Balzac** (H. de). La Fille aux yeux d'or. Avec trente-deux aquarelles de Henri Gervex, reproduites par l'héliogravure en couleurs. *Paris, Calmann-Lévy*, 1898. Gr. in-4, mar. vert, grand panneau de bois peint encastré sur le premier plat, dans un cadre formé d'une petite bordure et d'un fil. dor. avec fleur. d'angle, encadr. intér. à bandeaux entre 2 doubles fil. dor., doublure et gardes en soie rose, doubles gardes, couv. conservée (*R. Petit*).

> *Exemplaire imprimé spécialement pour l'artiste* qui en a fait présent à *W.-R.* comme l'indique un *envoi autographe* sur le faux titre.
> Le panneau de bois peint (*Portrait de femme*), sur le premier plat de la reliure, est une **peinture originale de Gervex**, signée de son monogramme.

10. **Balzac** (H. de). Le Père Goriot. Illustrations en couleurs de Quint. *Paris, R. Kieffer*, 1922. In-8, broché, couv. illustrée en couleurs.

> Edition ornée d'environ 150 illustrations en couleurs dans le texte.
> Tirage à 500 exempl. — L'un des 50 exempl. sur **vélin de cuve**, avec une suite de toutes les illustrations tirées en bistre, et une grande **aquarelle originale** inédite de *Quint* (Nº 8).

11. **Balzac** (H. de). Scènes de la Vie de Campagne. — Les Paysans. Illustrations et eaux-fortes de Georges Jeanniot. *Paris, Société des Amis du Livre Moderne*, 1911. In-4, en feuilles, dans un portefeuille.

> Edition ornée de *50 eaux-fortes* dans le texte et hors texte ; couv. illustrée, gravée à l'eau-forte.
> Tirage à 150 exempl. sur papier vélin de cuve. — Celui-ci (nº 110), au nom de *Mme W.-R.* contient un très beau **dessin original** de *Jeanniot*.

12. **Balzac** (H. de). Les Contes drolatiques colligez ez abbayes de Touraine... Cinquiesme édition illustrée de 425 dessins par Gustave Doré. *Se trouve à Paris ez bureaux de la Société Générale de Librairie...* 1855. In-8, demi-mar., coins, t. dor., n. rogné.

> Premier tirage des illustrations de Gustave Doré.

13. **Balzac** (H. de). Les Contes drolatiques. Illustrés de 600 dessins par A. Robida. *Paris, J. Tallandier* (s. d.). In-8, 2 vol. ; demi-mar. orange, coins, dos orné en long de motifs à fil. droits et courbes et fleur. mosaïq., t. dor., non rogné.

14. **Balzac** (H. de). Sur le moyne Amador qui feut ung glorieux abbé de Turpenay. Avecques les Images en couleurs de Quint. *R. Kieffer, édicteur... Paris*, (s. d.). In-4, broché, couv. illustrée en couleurs.

> Edition calligraphiée et enluminée à toutes les pages.
> Tirage à 580 exempl. — L'un des 50 sur **vélin de cuve** contenant une *suite en noir*, c'est-à-dire l'ouvrage complet (Nº 68).

15. Balzac (Honoré de). Le Péché Véniel. Compositions de Paul Avril, gravées à l'eau-forte par Edouard Léon et Raoul Serres. *Paris, Ch. Bosse,* 1901. Gr. in-8, mar. gris, dos jans., premier plat orné de deux carrés en vieil argent repoussé encastrés par-dessus deux feuillages mosaïqués avec nœuds de rubans blancs, même motif plus grand au centre du second plat, intér. doublé de mar., avec encadr. formé d'un ruban mosaïq. en vert et blanc, décoré de deux grandes plaques de vieil argent repoussé encastrées au centre, gardes en soie peintes à fond bleu et cœurs rouges percés de flèches d'or, doubles gardes, t. dor., n. rogné, couv. et dos conservés, étui doublé de chamois (*Rel. de Moens, décoration intérieure et extérieure par Mme W.-R.*).

Edition tirée à 400 exempl. — L'un des 35 exempl. sur papier Whatman, avec les *eaux-fortes en 3 états,* dont l'eau-forte pure (N° 99).

16. Balzac (H. de). Le Péché véniel. Conte drolatique illustré de vignettes en couleurs de J. Hamman. *Paris, R. Kieffer,* 1922. In-8, broché, couv. illustrée en couleurs.

Edition ornée de 40 illustrations en couleurs, dans le texte et hors texte.
Tirage à 590 exempl — L'un des 50 exempl. sur Japon, avec une *suite en bistre,* et une **aquarelle originale** inédite de *J. Hamman* (N° 26).

17. Balzac (H. de). D'ung paouvre qui avoyt nom Le Vieulx-par-les chemins. Texte manuscrit et vignetté par Hémard. *Paris, Crès et Cie,* 1914. In-8, broché, couv. illustrée en couleurs.

Texte calligraphié, et enluminé à toutes les pages.
Tirage à 550 exempl. — L'un des 40 exempl. sur Japon, avec une *suite en noir* (N° 30).

18. Banville (Théodore de). Les Princesses. Compositions de Georges Rochegrosse, gravées à l'eau-forte par E. Decisy. *Paris, F. Ferroud,* 1904. Gr. in-8, mar. brun clair, dos à 4 nerfs débord. s. les plats, intér. encadré d'un fil. dor., décoré de deux grandes compositions sur doublure de cuir peint et incisé, la première représentant un castel moyennâgeux dressé sur un roc dans un ciel aux nuages d'or, et la seconde, un coin de terrasse avec grand vase au premier plan ; gardes en soie peintes à motifs de roses, doubles gardes, t. dor., n. rogné, couv. et dos conservés, étui doublé de chamois (*Décoration intérieure par Mme W.-R.*).

Edition tirée à 400 exempl. — L'un des 45 exempl. contenant les **eaux-fortes en 3 états** dont l'eau-forte pure et l'état avec remarque avant la lettre. Celui-ci (n° 55) est imprimé **sur grand papier vélin d'Arches.**
Prospectus de l'édition relié à la fin.

19. **Barbier** (Georges) et **Vaudoyer** (Jean-Louis). Album dédié à Tamar Karsavina. *Collections Pierre Corrard, Paris* (1914). In-4, broché, couv. illustrée en noir et or.

> Titre illustré, et 12 planches hors texte en couleurs, argent et or par *George Barbier.*
> Album tiré à 512 exempl. — L'un des 500 sur **papier vergé d'Arches** (N° 152).

20. **Barrès** (Maurice). En Italie. Eaux-fortes en couleurs et vignettes de Aug.-H. Thomas. *Paris, A. Blaizot; R. Kieffer,* 1911. In-4, mar. marron, dos à nerfs avec compart. de pointillés à froid, paysages et tête de lion sur deux cuirs peints et incisés, encastrés en haut et au centre du premier plat, encadrés et réunis par des lignes pointillées à froid.; encadr. intér. à 2 fil. dor. avec fleur. d'angle, doublures en cuir peint et incisé décorées de deux paysages diffé-rents avec premiers plans formés de fleurs variées rehaussées d'or; gardes en soie peintes et décorées de deux autres paysages, doubles gardes, t. dor., n. rogné, couv. et dos conservés, étui (*Rel. de R. Kieffer, décoration extérieure et intérieure par M*ᵐᵉ *W.-R.*).

> Edition de la « *Collection Eclectique* », tirée à 250 exempl.
> L'un des 20 exempl. contenant : une *suite à part des vignettes,* les **eaux-fortes en trois états** dont l'eau-forte pure, et une grande **aquarelle originale** de l'illustrateur (N° 8).

21. **Barrès** (Maurice). Le Jardin de Bérénice. Portrait de l'auteur gravé sur bois par P.-Eug. Vibert. *Paris, G. Crès et C*ⁱᵉ, 1912. In-12, broché.

> (Coll. « *Les Maîtres du Livre* ».)
> L'un des 48 exempl. **sur Japon impérial** (N° 30).

22. **Barrès** (Maurice). Du Sang, de la Volupté et de la Mort. Avec un frontispice gravé sur bois par P.-Eug. Vibert. *Paris, G. Crès...,* 1913. In-12, broché.

> (Coll. « *Les Maîtres du Livre* ».)
> L'un des 5 exempl. **sur vieux Japon impérial** (N° 1).

23. **Barrès** (Maurice). La Mort de Venise. Eaux-fortes originales de G. Le Meilleur. *Paris, Editions R. Kieffer,* 1920. In-4, broché.

> 22 eaux-fortes dans le texte et hors texte.
> Tirage à 250 exempl. — L'un des 20 exempl. **sur papier Wathman,** avec **3 états** des eaux-fortes et une **aquarelle originale** de l'artiste (N° 2).

24. **Barrie** (J.-M.). Piter Pan dans les Jardins de Kensington. Illustré par Arthur Rackham. *Paris, Hachette et C*ⁱᵉ, 1907. In-4, pleine toile, plat illustré (*Cartonn. de l'édit.*).

> 50 planches hors texte en couleurs, montées sur papier teinté

25. **Barrucand** (Victor). Le Chariot de Terre Cuite. D'après la pièce du Théâtre indien attribuée au roi Soudraka. Illustrations de Léon Carré. *Paris, H. Piazza* (1921). In-4, broché, couv. en couleurs et or, étui.

> Texte encadré, tiré sur pap. teinté ; titres, ornements variés, et 20 planches hors texte en couleurs et or.
> Édition tirée à 910 exempl. — L'un des 135 exempl. **sur Japon impérial**, avec un état des planches, en noir sur vélin mince (N° 141).

26. **Baudelaire** (Charles). Les Fleurs du Mal. Illustrations de Carlos Schwabe. *Paris, Imprimé pour Charles Meunier*, 1900. In-4, mar. gris, jans., encadr. intér. à fil. dor. droits et au pointillé avec fleurons aux angles et sur les côtés, doublures de mar. mauve ornées d'une riche décoration mosaïquée à motifs de fleurs singulières se détachant en divers tons sur un grand cœur rouge, doubles gardes, t. dor., n. rogné, couv. et dos conservés, étui (*R. Kieffer*).

> *Édition privée, tirée seulement à 77 exemplaires.*
> Celui-ci (N° 23) imprimé au nom de *M. Paul Arbaud*, est l'un des 73 exempl. **sur papier vélin du Marais.** Il contient les illustrations en **double état** : en couleurs dans le texte et hors texte, et à l'état d'eau-forte pure, en suite tirée à part.
> On y a joint une suite refusée de 23 illustrations proposées pour cette édition : 3 lithographies de *Jean Weber*, 3 lithographies de *T.-P. Wagner*, 1 eau-forte de *Lacault*, 1 eau-forte de *Ch. Jouas*, et 15 eaux-fortes de *Van Müyden*, la plupart gravées d'après les dessins de *Ch. Jouas*. Toutes ces planches sont reliées à la fin du volume.

27. **Baudelaire** (Charles). Les Fleurs du Mal. Vingt-sept compositions par Georges Rochegrosse gravées à l'eau-forte par Eugène Decisy. *Paris, F. Ferroud*, 1910. In-4, mar. brun, dos jans. à doubles nerfs, premier plat orné d'une grande croix en peau de serpent encastrée dans un caisson de même forme et cantonnée de quatre motifs en cuir peint et incisé, second plat couvert d'un grand cuir incisé peint et rehaussé d'or avec peau de serpent sertie au centre dans un compart. rectangul. ; doublures en cuir peint et incisé décorées d'une figure de femme et de motifs variés légèr. rehaussés d'or, gardes en soie peintes à motifs de masques grimaçants, t. dor., n. rogné, couv. conservée, étui (*Décoration extérieure et intérieure par M*^{me} *W.-R.*).

> Édition tirée à 200 exempl. — L'un des 80 exempl. **sur Japon impérial** contenant **trois états** des eaux-fortes, dont l'eau-forte pure (N° 28).
> On y a joint une **aquarelle originale** de *Georges Rochegrosse*. *Curieuse reliure.*

28. **Baudelaire** (Charles). Vingt-sept poëmes des Fleurs du Mal de Charles Baudelaire, illustrés par Rodin. *Imprimé pour la Société*

des Amis du Livre Moderne, Paris, 1918. In-12, peau souple, n. rogné, couv. conservée, étui (*Cartonn. de l'éditeur*).

> Cette édition est le *fac-similé* d'un exemplaire des *Fleurs du Mal* illustré de croquis par Rodin.
> Tiré à 200 exempl. — Exempl. n° 110, bien complet du bulletin relatif à la rectification du titre.

29. **Baudelaire** (Charles). Les Fleurs du Mal. Illustrations décoratives par André Domin. *Paris, R. Kieffer,* 1920. In-16, broché.

> 26 planches hors texte, en couleurs et or.
> Tirage à 485 exempl. — L'un des 25 exempl. **sur papier vélin,** avec un **dessin original** ayant servi à l'illustration, et une *suite* en noir (N° 20).

30. **Baudelaire** (Charles). Petits Poèmes en prose. Bois de Constant Le Breton. *Paris, R. Kieffer* (*s. d.*). In-4, broché, couv. illustrée.

> Édition ornée d'environ 150 bois (figures et ornements) tirés dans le texte ou à pleine page.
> Tirage à 550 exempl. — L'un des 50 exempl. **sur papier vélin à la cuve,** avec une *suite* de tous les bois sur **Chine** appliqué (N° 45).

31. **Baudelaire** (Charles). Le Peintre de la Vie Moderne : Constantin Guys. Reproduction intégrale des aquarelles de Constantin Guys. *Paris, R. Kieffer,* 1923. In-4, broché.

> 16 planches hors texte en couleurs.
> Tirage à 550 exempl. — L'un des 50 exempl. sur Japon avec une *suite* en noir des illustrations (N° 39).

32. **Bauër** (Henry). De la vie et du rêve. *Paris, H. Simonis Empis,* 1896. In-12, mar., dos sans nerfs, plats incisés et teintés, décorés de deux compositions symboliques, dent. intér., n. rogné, couv. conservée, étui (*Rel. de Pierson, décoration extérieure par Mme W.-R.*).

> Edition originale. — Exemplaire **sur papier du Japon,** imprimé au nom de *Mme W.-R.*

33. **Bazin** (Hippol.). Une vieille cité de France. Reims; monuments et histoire... *Reims, F. Michaud,* 1900. In-4, demi-mar. bleu foncé, jans., coins, t. dor., n. rogné (*Champs*).

> Ouvrage illustré de 257 gravures. — Tiré à 1010 exempl. (Exempl. n° 325 sur vélin teinté, avec dédicace de l'éditeur à *Mme W.-R.*)

34. **Bédier** (J.). Le Roman de Tristan et Iseut, renouvelé par Joseph Bédier... Illustrations de Maurice Lalau. *Paris, H. Piazza & Cie* (*S. d.*). In-4, toile chagrinée, plat illustré (*Carton. de l'éditeur*).

> 19 planches hors texte en couleurs.

35. **Bédier** (J.). Le Roman de Tristan et Iseut, renouvelé par Joseph Bédier... Illustrations de Robert Engels. *Paris, H. Piazza* (1914). Pet. in-4, broché.

> Texte encadré; illustrations en couleurs dans le texte.
> Tirage à 525 exempl. — L'un des 500 exempl. sur papier Japon (N° 200).

36. **Bédier** (J.). Le Roman de Tristan et Iseut. Reconstitué d'après les Poëmes français du xıı⁰ siècle, et illustré par Robert Engels. *Paris, H. Piazza et Cⁱᵉ*, 1900. In-4, broché, couv. illustrée, enveloppe.

> Texte encadré; compositions en couleurs dans le texte et hors texte.
> Edition tirée à 300 exempl. — L'un des 230 exempl. *sur papier vélin des Vosges à la cuve* (N° 199).

37. **Belle au Bois dormant** (La), et quelques autres contes de jadis. Préface de Edmond Pilon. Illustrations de Edmond Dulac. *Paris, H. Piazza & Cⁱᵉ* (1910). In-4, broché.

> Edition encadrée et ornée de 30 planches hors texte en couleurs.
> Tirage à 400 exempl. sur papier du Japon, numérotés et signés par l'artiste (N° 298).

38. **Bénard** (Charles). La Conquête du Pôle. Histoire des missions arctiques depuis les temps les plus reculés jusqu'à nos jours. *Paris, Hachette et Cⁱᵉ* (*S. d.*). In-4, chagr. vert, dos orné en long, chaque plat orné d'une aquarelle originale encadrée de 2 fil. dor. avec fleur. d'angle, dent. intér., fil. s. les coupes, t. dor., n. rogné, couv. et dos conservés, étui (*Rel. de Durvand, décoration extér. par Mᵐᵉ W.-R.*).

39. **Bismarck.** — Les Mémoires de Bismarck, recueillis par Maurice Busch. *Paris, E. Fasquelle*, 1898-1899. In-8, 2 vol., mar. olive foncé, dos sans nerfs, initiales *R. W. R.* mosaïquées en rouge s. le 1ᵉʳ plat, fil. intér., t. dor., n. rogné, couv. conservée (*Durvand*).

> 1ʳᵉ édition française. — L'un des quelques exempl. sur papier de Hollande (*Hommage de l'éditeur à M. W.-R.*).

40. **Blondel** (Aloys E.). Poésies. Notice biographique d'Edouard Rod. Portrait et illustrations de Carlos Schwab. *Paris, Plon-Nourrit et Cⁱᵉ; Lausanne, Payot et Cⁱᵉ*, 1909. In-8, broché.

> Œuvres d'un poète genevois mort à 25 ans.

41. **Boccace.** La Fiancée du Roy de Garbe. Traduction de Anthoine Le Maçon, imagée et vignettée par Léon Lebègue. *Paris, H. Floury*, 1903. Pet. in-4, mar. bleu foncé, dos jans., plats décorés de motifs

carrés en corne sculptée à jour, encastrés sur fond d'or aux quatre
coins dans des caissons cernés d'un fil. doré coupant les angles
d'un encadr. à gros points et fil. dor. accosté de petits carrés dor.;
intér. bordé de mar. avec encadr. de 3 fil. dor. à fleur. d'angle,
doublure et gardes en soie peintes à motifs répétés, rehaussés d'or,
doubles gardes, t. dor., n. rogné, couv. et dos conservés, étui (*Rel.
de R. Kieffer, décoration extérieure et intérieure par Mme W.-R.*).

> Edition ornée d'encadrements variés et d'illustrations en couleurs.
> Tirage à 199 exempl. — Celui-ci, non numéroté, est un *exemplaire·
> de collaborateur*, **sur papier vergé à la forme d'Arches**. Il contient une
> *suite* à part de toutes les illustrations tirées en noir **sur papier de·
> Chine.**

42. **Buysse** (Cyriel). Contes des Pays-Bas. Illustrations de Henri
Cassiers. *Paris, H. Piazza* (1910). Pet. in-4, broché, couv. illustrée
en couleurs, enveloppe dos mar. vert foncé, étui.

> Texte encadré; 49 illustrations en couleurs dans le texte et hors·
> texte.
> Tirage à 300 exempl. — Exempl. **sur papier du Japon** [non numé-
> roté] avec une *suite* des illustrations en noir.

43. **Carroll** (Lewis). Aventures d'Alice au pays des merveilles.
Illustrées par Arthur Rackham. *Paris, Hachette et Cie* (*S. d.*). In-8,
percal. verte, plat illustré (*Cartonn. de l'éditeur*).

> Illustrations dans le texte; et 13 planches hors texte en couleurs.

44. **Cim** (Albert). Amateurs et voleurs de livres… *Paris, H. Daragon*,
1903. In-12, mar. vert, dos orné en long, premier plat décoré d'une
plaque de chagrin peinte et incisée, dans un encadr. de fil. dor.
avec fleur d'angle, dent. et fil. intér., t. dor., n. rogné, couv. et
dos conservés, étui (*Rel. de Durvand, décoration par Mme W.-R.*).

> (*Collection du Bibliophile Parisien.*) — Exempl. sur papier vergé.

45. **Claudel** (Paul). Sainte Geneviève. Poème par Paul Claudel.
Tokio, Chinchiocka, A. D. 1923. Pet. in fol., format allongé, fouillets·
pliés en accordéon entre deux ais de bois, dans un étui pleine toile
à fermoirs (*Rel. japonaise*).

> *Edition imprimée au Japon, tirée à 100 exempl.* (N° 915).

46. **Contes du Temps jadis** (Illustrations de U. Brunelleschi).
Paris, H. Piazza (1922). In-4, broché, couv. ornée en or et couleurs.

> Texte encadré; 20 planches hors texte en couleurs. Ce vol. contient·
> 5 contes : La Belle aux cheveux d'or, L'Oiseau bleu, Gracieuse et
> Percinet, L'Adroite Princesse, le Prince Chéri. — Edition tirée à
> 400 exempl. **sur papier Japon** (N° 229).

47. **Courteline** (G.). La Conversion d'Alceste. Comédie représentée pour la première fois svr le Théâtre françois le 15 janvier 1905. A Paris, chez l'Avthevr, 1905. In-16, vélin blanc, étui.

> Edition imprimée dans le style typographique du xviie siècle. Non mise dans le commerce, et tirée seulement à 50 exempl. — *L'un des 30 exempl. tirés pour l'auteur et ses amis* (N° 27).

48. **Crane** (W.). Eight illustrations to Shakespeare's *Tempest* : designed by Walter Crane. Engraved & printed by Duncan Dallas… *London, J. M. Dent & C°*…, 1893. In-fol., en ff. dans l'étui-livre de l'éditeur.

> Suite de *8 planches tirées sur papier pelure et montées en châssis sur papier fort*; avec titre et justification du tirage à 650 exempl. (N° 77).

49. **Crane** (W.). Eight illustrations to Shakespeare's *Two Gentlemen of Verona* by Walter Crane. Engraved & printed by Duncan Dallas… *London, J. M. Dent & C°*, 1893. In-fol., en ff. dans l'étui-livre de l'éditeur.

> Suite de *8 planches tirées sur papier pelure et montéees en châssis sur papier fort*; avec titre et justification du tirage à 650 exempl. (N° 239).

50. **Daudet** (Alphonse). La Mort du Dauphin. Illustrations de O. D. V. Guillonnet, gravées à l'eau-forte par Xavier Lesueur. *Paris, F. Ferroud* (1907). Pet. in-4, broché, couv. illustrée en couleurs.

> Illustrations dans le texte et hors texte en couleurs et or; encadr. variés.
> Tirage à 256 exempl. — L'un des 175 exempl. **sur papier de Hollande à la forme** (N° 178).

51. **Des Fontaines** (Ch.). Potage bisque. Comédie en un acte et en prose. Compositions de Carlos Schwab. *Paris*, 1906. In-4, mar. havane, dos jans., plats encadrés de quatre guirlandes de motifs poussés à froid entre deux fil. dor., encadr. intér. à 3 fil. avec fleurettes aux angles entourant la doublure en cuir incisé et peint, à fond vert avec grands motifs en brun foncé piqués de taches d'or; gardes en soie peintes et décorées de homards stylisés, motif inspiré de l'ouvrage; doubles gardes, t. dor., non rogné, couv. et dos conservés (*Rel. de Kieffer, décoration intérieure par Mme W.-R.*).

> Edition tirée à 201 exempl. — L'un des 175 exempl. **sur papier vélin à la cuve** (N° 100).

52. **Diderot**. Les Bijoux indiscrets. Avec vingt-cinq eaux-fortes coloriées de Sylvain Sauvage. *Paris, R. Kieffer*, 1923. In-4, broché.

> 25 planches hors texte.
> Tirage à 600 exempl. — L'un des 50 exempl. avec les planches en 4 états (dont l'eau-forte pure) et une **aquarelle originale** de l'artiste (N° 17).

53. Diderot. Jacques le Fataliste et son maître. Illustrations originales de Ed. Kayser. *Paris, R. Kieffer,* 1923. In-4, broché, couv.
illustrée.

> Edition ornée d'un frontispice (répété sur la couverture) et de
> 49 illustrations à mi-page dans le texte.
> Tirage à 55o exempl. — L'un des 5o exempl. **sur Japon impérial,**
> avec une *suite* des illustrations **sur Japon pelure,** et un dessin original
> de *Edmond Kayser* (N° 42).

54. Diehl (Ch.). Théodora impératrice de Byzance... Illustrations
de Manuel Orazi. *Paris, H. Piazza et Cie* (1904). Pet. in-4, broché.
couv. illustrée en couleurs et or, étui.

> EDITION ORIGINALE. Texte encadré, nombreuses compositions tirées
> en couleurs et or, dans le texte et hors texte.
> Tirage à 3oo exempl. — L'un des 26o exempl. **sur papier vélin
> à la cuve** (N° 211).

55. Dinet (E.) et **Sliman ben Ibrahim.** La Vie de Mohammed.
Illustrations de E. Dinet. Décoration de Mohamed Racim. *Paris,
H. Piazza* (1918). In-4, broché, titre arabe en or sur la couv.

> Ouvrage orné de 39 planches hors texte en couleurs et une carte
> (Les planches décoratives, œuvre d'un calligraphe arabe, sont tirées
> en couleurs et or).
> Tirage à 925 exempl. — Celui-ci, l'un des exempl. hors commerce
> **sur Japon,** avec une *suite* en noir, est imprimé au nom de Mme W.-R.

56. Drumont (Edouard). Vieux portraits, vieux cadres. 110 dessins
par Gaston Coindre. *Paris, E. Flammarion (s. d.).* In-12, cuir
fauve, sans nerfs, chauve-souris peinte et incisée sur les plats et
le dos, n. rogné, couv. et dos conservés (*Mme W.-R.*).

> EDITION ORIGINALE.
> *Exemplaire (non numéroté)* **sur papier du Japon,** *avec une intéressante*
> **dédicace** à *Mme W.-R.*

57. Duhamel (Georges). Vie des Martyrs. Illustrée d'eaux-fortes &
de gravures sur bois de Paul Baudier. *Paris, R. Kieffer,* 1924.
In-8, broché.

> Edition ornée de nombreuses gravures sur bois (figures en noir,
> bandeaux et culs-de-lampe tirés en grenat) et de 20 eaux-fortes.
> Tirage à 58o exempl. — L'un des 5o exempl. **sur vieux Japon,**
> avec **3 états** des eaux-fortes (N° 19).

58. Dulac (Edmond). Contes et Légendes des nations alliées,
recueillis et illustrés par Edmond Dulac. *Paris, H. Piazza* (1917).
In-4, broché, couv. illustrée en couleurs.

> Orné de 15 planches hors texte en couleurs.
> Tirage à 1000 exempl. signés par l'artiste (N° 461).

2

59. **Esope.** Fables d'Esope. Traduction nouvelle illustrée par Arthur Rackham. *Paris, Hachette et Cie*, 1913. In-4, percal. blanche, t. dor., n. rogné, dos et plat ornés, étui (*Cartonn. de l'éditeur*).

> Nombreuses gravures en noir dans le texte, et 13 planches hors texte en couleurs, montées sur papier teinté.
> Tirage à 430 exempl. — L'un des 375 exempl. *sur papier vélin* (N° 114).

60. **Évangile de l'Enfance** (L') de Notre Seigneur Jésus Christ selon Saint Pierre, mis en français par Catulle Mendès d'après le manuscrit de l'abbaye de Saint-Wolfgang. Compositions et encadrements de Carloz Schwabe. *Paris, A. Colin et Cie (S. d.* [1894]). In-4, mar. grenat, compart. de fil. au dos, premier plat encadré de fil. dor. formant compart., celui du haut orné d'une main-de-Dieu et d'une étoile, au centre grand cuir peint et incisé de traits dor., décoré d'une tige de lys en fleur et entouré de motifs en corne sculptée : ailes d'anges sur les côtés, petites roses aux angles ; second plat orné de compart. de fil. dor. encadrant un cuir peint, incisé de traits dor. dont le motif est un lys fané, et sur le tout, d'une spirale de petits cercles dor. ; intér. doublé de cuir peint et incisé décoré de lys, dans un encadr. à 2 fil. dor. avec fleur. d'angle ; gardes en soie peintes, doubles gardes, t. dor., tr. ébarb. et dor., couverture, étui (*Rel. de Kieffer, décoration extérieure et intérieure par Mme W.-R.*).

> Tirage de luxe à 150 exempl. — L'un des 100 exempl. contenant une **suite en noir**, tirée à part, des illustrations et des encadrements (N° 148).
> *Très belle reliure.*

61. **L'Évangile par l'image.** Traduction de Lemaistre de Sacy. Illustrations et gravures sur bois par Kharis. *Imprimé pour la Société des Amis du Livre Moderne*, 1919. In-fol., en ff., enveloppe et étui.

> Edition imprimée en noir et rouge, avec le texte encadré d'un fil, bistre, et ornée de gravures sur bois en camaïeu.
> Tirage à 165 exempl. — L'un des 150 exempl. *sur papier vélin blanc* (N° 110).

62. **Fabre** (J.-H.). Souvenirs entomologiques. Etudes sur l'Instinct et les Mœurs des Insectes. (Edition définitive illustrée.) *Paris, Delagrave*, 1914-1924 (10 vol.). — La vie de J.-H. Fabre, naturaliste suivie du Répertoire général analytique des souvenirs entomologiques par le Dr G.-V. Legros. Préface de J.-H. Fabre. *Ibid.*, 1924 (1 vol.). *Ensemble* 11 vol. in-8, brochés.

> L'un des 30 exempl. **sur papier du Japon** (N° 16).

63. **Farrère** (Claude). Thomas l'Agnelet, gentilhomme de fortune. *Paris, P. Ollendorff*, 1913. In-12, peau de serpent, dos sans nerfs, doublure de soie noire, gardes en soie peintes décorées de motifs

Nº 60. — L'Évangile de l'Enfance.

inspirés du roman (pavillons de corsaires), doubles gardes, t. dor., n. rogné, couv. et dos conservés, étui (*Rel. de R. Kieffer, décoration intérieure par Mme W.-R.*).

EDITION ORIGINALE. — Exempl. n° 291 sur **papier vélin**.

64. **Ferdinand Herold** (A.). La Guirlande d'Aphrodite. *Paris, H. Piazza*, 1919. Pet. in-4, broché, couv. illustrée en noir et rouge, étui.

Edition ornée d'illustrations de Paul Rognard, gravées par Gasperini, tirées en camaïeu dans le texte et hors texte.
Tirage à 600 exempl. — L'un des 50 exempl. **sur Japon** avec un *état en camaïeu* (N° 88).

65. **Firdousi** (Abou'l Kacim). Histoire de Minoutchehr selon le Livre des Rois. Illustrée par Michel Simonidy. *Paris, H. Piazza* (1919). In-8, broché, couv. ornée en bleu et or, étui.

Texte encadré ; 49 illustrations en couleurs et or dans le texte et hors texte.
Tirage à 550 exempl. — L'un des 75 exempl. **sur Japon** avec un *état en noir* des illustrations (N° 86).

66. **Flaubert** (Gustave). Madame Bovary. Compositions de Alfred de Richemont, gravées à l'eau-forte par C. Chessa. Préface par Léon Hennique. *Paris, F. Ferroud*, 1905. In-4, broché.

Edition tirée à 600 exempl. — L'un des 400 exempl. sur papier **vélin d'Arches** (N° 479).
On y a joint 4 eaux-fortes : un frontispice par *Cuisinier* (sur papier de Chine), et 3 planches avant la lettre gravées d'après *Fourié*.

67. **Flaubert**(Gustave). Salammbô. Compositions de Georges Rochegrosse, gravées à l'eau-forte par Champollion. Préface par Léon Hennique. *Paris, A. Ferroud*, 1900. Gr. in-8, 2 vol., mar. noir, dos jans., plats ornés de grands cuirs peints et incisés couverts de motifs à répétition rehaussés de points et petits carrés dor., ivoires sculptés encastrés en tête des plats, sur le premier un serpent déroulé dans deux compart., et sur le second, une file de 9 éléphants ; fil. intér., doublure en cuir peint et incisé dont les motifs répétés correspondent aux motifs des gardes peintes en couleurs et or ; doubles gardes, t. dor., n. rogné, couv. conservées, étuis (*Rel. de R. Kieffer, décoration extérieure et intérieure par Mme W.-R.*).

Exemplaire imprimé sur **papier vélin d'Arches** contenant *les eaux-fortes en 3 états* dont l'eau-forte pure et l'eau-forte avec remarque avant la lettre.
On a joint à cet exemplaire *quelques eaux-fortes supplémentaires* et et notamment une suite gravée par *Pierre Vidal.*
Curieuse reliure, identique pour les deux volumes.

68. **Flaubert** (Gustave). La Tentation de Saint-Antoine. Composisitions de Georges Rochegrosse, gravées en couleurs par E. Decisy. *Paris, F. Ferroud*, 1907. In-4, mar. havane, dos jans., premier plat orné d'un cuir peint et incisé, à l'effigie de St Antoine, intér. bordé de mar. avec encadr. à 2 fil. dor., doublure en cuir peint et incisé à décor de cloches et vieux bouquins, gardes en soie peintes ornées de motifs stylisés, doubles gardes, t. dor., n. rogné, couv. et dos conservés, étui (*Rel. de R. Kieffer, décoration extérieure et intérieure par Mme W.-R.*).

> Edition tirée à 350 exempl. — L'un des 60 exempl. contenant les eaux-fortes en **trois états** : en noir avec remarque et avant la lettre, en couleurs avant la lettre, et en couleurs avec la lettre.
> Celui-ci (n° 27) est imprimé **sur grand papier du Japon**. — *Prospectus* de l'édition relié à la fin.

69. — **Le même ouvrage.** [L'un des 230 exempl. sur papier vélin d'Arches, N° 182.] Rel. mar. rouge-orange, dos à nerfs croisés, intér. doublé de deux grands cuirs peints et incisés à motif d'entrelacs rehaussés d'or, encastrés dans un encadr. de mar. orné de fil. noirs et dor. croisés en losanges entre 2 fil. dor., gardes en soie, fil. s. les coupés, t. dor., n. rogné, couv. et dos conservés, étui doublé de chamois (*Rel. de Moens, décoration intérieure par Mme W.-R.*).

70. **Flaubert** (Gustave). Hérodias. Compositions de Georges Rochegrosse ; gravées à l'eau-forte par Champollion. Préface par ANATOLE FRANCE. *Paris, A. Ferroud*, 1892. In-8, mar. orange, dos à 4 nerfs droits et 4 nerfs en zig-zag, intér. orné de deux grandes plaques en vieil argent repoussé décorées de motifs variés à l'antique, et encastrées dans une bordure de mar. à bandes et fleur. mosaïquées formant encadr. ; gardes en soie peintes, doubles gardes en pap. dor., t. dor., n. rogné, couv. et dos conservés, étui doublé de chamois (*Rel. de Moens, décoration intérieure par Mme W.-R.*).

> Edition tirée à 500 exempl. — Exemplaire sur papier du Japon (non numéroté). Il contient une **suite à part** des eaux-fortes avant la lettre et avec remarque, et le *prospectus* de la publication.
> L'importante **préface d'Anatole France** est ici en **édition originale**.

71. **Flaubert** (Gustave). Un Cœur simple. Illustré de vingt-trois compositions par Emile Adan, gravées à l'eau-forte par Champollion. Préface de A. de Claye. *Paris, A. Ferroud*, 1894. In-8, mar. grisbleu, jans., bordure intér. à fleurettes mosaïq. et fil. à froid, encadrant deux grandes plaques en vieil argent repoussé, la première est décorée d'une composition inspirée par l'ouvrage, et la seconde, ornée d'une couronne de fleurs ; gardes en soie, doubles gardes, t. dor., n. rogné, couv. et dos conservés, étui doublé de chamois (*Rel. de Moens, décoration intérieure par Mme W.-R.*).

> Edition tirée à 500 exempl. — L'un des 250 *sur papier d'Arches* (N° 438).

72, **Flaubert** (Gustave). La Légende de Saint Julien l'hospitalier. Illustrée de vingt-six compositions par Luc-Olivier Merson, gravées à l'eau-forte par Géry-Richard. Préface par Marcel Schwob. *Paris, A. Ferroud*, 1895. In-8, mar. havane, jans., bordure intér. à fleurons mosaïq. et dent. à froid encadrant deux grandes plaqués de vieil argent repoussé décorées de motifs Moyen-Age, gardes en soie peintes ornées de feuillages, chiens, et faucons ; doubles gardes, t. dor., n. rogné, couv. et dos conservés, étui doublé de chamois (*Rel. de Moens, décoration intérieure par M*me *W.-R.*).

Édition tirée à 5oo exempl. — L'un des 25o exempl. **sur papier vélin d'Arches** (N° 336)**.

73. **Flers** (Robert de). Ilséc, princesse de Tripoli. Lithographies de A. Mucha. *Paris, H. Piazza & C*ie, 1897. In-4, broché, couv. ornée en couleurs et or, enveloppe.

Édition encadrée, et illustrée en couleurs à toutes les pages.
Tirage à 252 exempl. — L'un des 18o exempl. **sur papier vélin à la forme** (N° 79).

74. **Fort** (Paul). Pontoise ou la Folle Journée. Orné d'illustrations en couleurs de E. Legrand. *Paris, R. Kieffer*, 1920. In-8, broché.

Édition ornée de 28 illustrations en couleurs, tirées dans le texte
Tirage à 55o exempl. — L'un des 5o exempl. sur **papier vergé à la forme**, avec une *suite en noir* (N° i8).

75. **Fort** (Paul). Le Livre des Ballades. Illustré par Arthur Rackham. *Paris, H. Piazza* (1920). In-4, broché, couv. illustrée en couleurs et or.

Texte encadré ; i4 planches hors texte en couleurs.
Tirage à 1 3oo exempl. — L'un des 3oo exempl. avec une *suite des planches en couleurs non encadrées* (N° 36).

76. **France** (Anatole). La Caution. Manuscrit et images de Léon Lebègue. *Paris, F. Ferroud*, 1912. In-8, mar. brun jans., encadr. intér. de fil. et fleur. dor. et à froid, doublures en cuir peint et incisé à motifs répétés rehaussés d'or, gardes en soie peintes, doubles gardes, tr. dor., couv. et dos conservés, étui (*Rel. de Pagnant, décoration intérieure par M*me *W.-R.*).

Édition ornée à toutes les pages d'illustrations en couleurs rehaussées d'or.
Tirage à 35o exempl. — L'un des 20 exempl. sur **Japon impérial** contenant deux suites à part des illustrations (en couleurs sur Japon et en noir sur Chine), et une **aquarelle originale** inédite de *Léon Lebègue.*
*Exemplaire imprimé au nom de M*me *W.-R.*

77. **— Le même ouvrage.** Broché, couv. illustrée et chemise impr.

L'un des 220 exempl. *sur papier vélin* (N° 2i3).

78. **France** (Anatole). Clio. Illustrations de Mucha. *Paris, Calmann-Lévy,* 1900. Pet. in-8, chagr. blond poli, dos sans nerfs, plats ornés de fleurs peintes et incisées, t. dor., tr. ébarb., étui (*Décoration par* M*me* *W.-R.*).

> ÉDITION ORIGINALE (sans la couverture).

79. **France** (Anatole). Les Contes de Jacques Tournebroche. Illustrations de Léon Lebègue. *Paris, Calmann-Lévy* (1908). In-12, couv. illustrée en couleurs ; demi-chagrin orange, jans., coins, t. dor., couv. et dos conservés.

> ÉDITION ORIGINALE (et 1er tirage des illustrations en couleurs et or de L. Lebègue).

80. **France** (Anatole). Les Contes de Jacques Tournebroche. Eaux-fortes coloriées de Sylvain Sauvage. *Paris, R. Kieffer,* 1924. In-8, broché.

> Édition ornée de 20 eaux-fortes.
> Tirage à 500 exempl. — L'un des 50 exempl. sur vergé à la cuve, avec 3 états des eaux-fortes et une aquarelle inédite de l'artiste (N° 17).

81. **France** (Anatole). Les Dieux ont soif. *Paris, Calmann-Lévy* (1912). In-12, mar. rouge, jans., encadr. intér. de fleur. et fil. à froid sur bordure mar., doublures en cuir peint et incisé décorées de l'emblème révolutionnaire, un bonnet phrygien entouré d'étoiles entre 2 branches d'olivier rehaussées de vieil or, gardes en soie peintes, doubles gardes, fil. s. les coupes, t. dor., n. rogné, couv. et dos conservés, étui (*Rel. de Pagnant, décoration intérieure par* M*me* *W.-R.*).

> ÉDITION ORIGINALE.
> L'un des 200 exempl. sur papier de Hollande (N° 111).

82. **France** (Anatole). L'Elvire de Lamartine. Notes sur M. & M*me* Charles... (avec fac-similé). *Paris, H. Champion,* 1893. In-16, mar. vert olive, dos sans nerfs encadré de 3 fil. dor., encadr. s. les plats à 3 fil. dor. et bande mosaïq. en mar. havane, fil. intér., doublure mar. havane, gardes en moire, doubles gardes, t. dor., n. rogné, couv. et dos conservés, étui (*Moens*).

> ÉDITION ORIGINALE. — Bel exemplaire.
> La couverture porte un envoi de l'éditeur H. Champion à M*me* W.-R.

83. **France** (Anatole). Histoire comique. *Paris, Calmann-Lévy* (1903). In-12, cuir fauve, dos sans nerfs, plats ornés de motifs peints et incisés inspirés de l'ouvrage, dent. intér., fil. s. les coupes, n. rogné, couv. et dos conservés (*Rel. de Durvand, décoration extérieure par* M*me* *W.-R.*).

> ÉDITION ORIGINALE. — Le faux titre porte une dédicace autographe de l'auteur à W.-R.

84. **France** (Anatole). Histoire contemporaine. — L'Orme du Mail. Seizième édition. *Paris, Calmann Lévy*, 1897. In-12, cuir fauve, dos jans., plats décorés d'une composition peinte et incisée, t. dor., n. rogné (*Décoration par Mme W.-R.*).

85. **France** (Anatole). Histoire contemporaine. — L'Anneau d'Améthyste. *Paris, Calmann Lévy*, 1899. In-12, mar. violet, dos à nerfs et compart. de fil. dor., fil. dor. s. les plats, intér. encadré de 2 fil. dor. et doublé de cuirs peints et incisés ornés de deux compositions différentes, gardes en soie peintes à l'anneau d'améthyste, doubles gardes, fil. s. les coupes, t. dor., tr. ébarb. et dor., couv. et dos conservés, étui (*Rel. de Pagnant, décoration intérieure par Mme W.-R.*).

    ÉDITION ORIGINALE.

86. **France** (Anatole). Histoire de doña Maria d'Avalos et de don Fabricio, duc d'Andria, manuscrite et enluminée par Léon Lebègue. *Paris, Librairie des Bibliophiles*, 1902. In-4, mar. vert foncé, dos jans., premier plat orné d'un cuir peint et incisé, encastré au centre, portant le titre de l'ouvrage inscrit dans un cœur rouge surmonté de flammes d'or, encadr. intér. à 3 fil. dor., doublures en cuir peint et incisé à décor floral, gardes en soie peintes à motifs répétés de roses et de couronnes traversées de cœurs rouges, doubles gardes, t. dor., n. rogné, couv. conservée, étui (*Rel. de R. Kieffer, décoration extérieure et intérieure par Mme W.-R.*).

    Edition tirée à 240 exempl. — L'un des 200 exempl. sur papier **vergé d'Arches**, contenant une *suite des illustrations* tirées en noir sur papier de Chine (N° 70).

87. **France** (Anatole). Le Jardin d'Epicure. *Paris, Calmann Lévy*, 1900. In-12, veau clair, décor floral peint et incisé sur le plat, figure de femme et branche de lierre ciselés sur un bronze doré, appliqué sur le premier plat, t. dor., n. rogné, couv. conservée, étui (*Décoration extérieure par Mme W.-R.*).

    19e édition.

88. **France** (Anatole) La Leçon bien apprise, conte par Anatole France imagé par Léon Lebègue *pour les Bibliophiles Indépendants, Paris*, 1898. In-8, mar. vert, dos jans., premier plat décoré d'un grand motif mosaïqué en divers tons formé d'une tige d'oranger stylisée enlacée d'un serpent, intér. bordé de mar. avec encadr. à 3 fil. et fleur. d'angle dor., doublures et gardes en soie, doubles gardes, t. dor., n. rogné, couv. conservée, étui (*R. Kieffer*).

    Edition calligraphiée, et illustrée en couleurs à toutes les pages. Tirée à 210 exempl. — Exempl. n° 207 **sur Japon**, avec une *suite en noir* des illustrations tirées **sur papier de Chine**.

89. **France** (Anatole). Le Lys Rouge. Compositions de A.-F. Gorguet, gravées sur bois par Desmoulins, Dutheil, Romagnol, et en couleurs par Ch. Thévenin. *Paris, Librairie de la Collection des Dix, A. Romagnol*, 1903. In-8, mar. vert, dos jans., premier plat orné d'un lys rouge peint et incisé sur un médaillon de cuir encastré au centre ; intér. doublé de grands cuirs peints et incisés, décorés de lys rouges sur fond d'or, dans un encadr. de fil. dor. sur bordure mar. ; gardes en soie peintes ornées d'un grand lys rouge stylisé, doubles gardes, t. dor., n. rogné, couv. et dos conservés, étui (*Rel. de Kieffer, décoration extérieure et intérieure par M*^me *W.-R.*).

> Edition tirée à 275 exempl. — L'un des 175 exempl. **sur papier vélin d'Arches** contenant *les planches hors texte à l'état terminé avant la léttre, et le titre de départ en 4 états* (N° 126).

90. **France** (Anatole). Madame de Luzy. Dix compositions dessinées et gravées par Ad. Lalauze. *Paris, A. Ferroud*, 1902. In-12, chagr. blond poli, dos sans nerfs, fleurs peintes et incisées s. les plats, n. rogné, couv. conservée, étui (*Décoration par M*^me *W.-R.*).

> Edition tirée à 350 exempl. — L'un des 200 exempl. **sur papier vélin d'Arches** (N° 323).

91. **France** (Anatole). La Rôtisserie de la Reine Pédauque. Edition revue et corrigée par l'auteur. Illustrations en couleurs de JOSEPH HÉMARD. *Paris, R. Kieffer*. 1923. In-8, broché, couv. illustrée en couleurs.

> Edition ornée de 34 illustrations en couleurs sur la couverture, le titre et dans le texte.
> Tirage à 480 exempl. — L'un des 50 exempl. **sur papier vélin de cuve**, avec une *suite en noir* des illustrations et une **aquarelle originale** inédite de *J. Hémard* (N° 39).

92. **France** (Anatole). Sainte Euphrosine. Les Actes de la vie de Sainte Euphrosine d'Alexandrie, en religion frère Smaragde, tels qu'ils furent rédigés dans la laure du Mont-Athos, par Georges, diacre. Avec les illustrations et encadrements de L.-E. Fournier, les eaux-fortes de E. Pennequin, & les gravures sur bois de L. Marie. *Paris, F. Ferroud*, 1906. In-4, broché.

> Edition tirée à 225 exempl. — L'un des 80 exempl. réimposés in-4, contenant *les eaux-fortes en deux états*, dont l'état avec remarque et une *suite à part des encadrements* tirés sur papier de Chine.
> Cet exempl. (N° 80) est **sur papier vélin du Marais**.

93. **France** (Anatole). Thaïs. Compositions de Paul-Albert Laurens (Gravures à l'eau-forte de Léon Boisson). *Paris, Librairie de la Collection des Dix*, 1900. In-8, mar. havane, dos à 3 compart. de fil. dor. encadrant une bande de peau bleue bigarrée et 2 motifs en vieil argent repoussé, chaque plat orné en tête et en queue d'une rangée de 7 carrés de peau bleue bigarrée sertis d'un fil. doré, et, au centre, de deux grandes plaques de corne sculptée :

Nº 93. — *A. France.* Thaïs.

Nº 94. — A. France. Thaïs.

celle du premier plat est décorée du portrait de Thaïs assise dans
une chaise antique entre deux guirlandes de roses; cette figure
est flanquée, à hauteur du buste, de deux demi-lunes de vieil
argent repoussé à décor de branches d'olivier, bordées d'un rang
de turquoises; la seconde plaque flanquée à dr. et à g. de deux
bandes en peau de serpent est ornée du masque de Thaïs dans un
bouquet de roses; encadr. intér. à 3 fil. avec fleur. d'angle, doublure
et gardes en soie peintes à roses rouges, doubles gardes, t. dor.,
n. rogné, couv. et dos conservés, étui (*Rel. de Kieffer, décoration
extérieure et intérieure par M*^{me} *W.-R.*).

> Édition tirée à 3oo exempl. — L'un des 45 exempl. **sur papier
> vélin de cuve d'Arches** contenant les illustrations du texte en 2 états,
> et les planches hors texte en 3 états.
> Celui-ci (N° 8o) contient en outre une **eau-forte originale de P.-A.
> Laurens**, et on y a joint le *prospectus* de la publication.
> Superbe reliure, d'une décoration très originale.

94. **France** (Anatole). Thaïs. Quinze compositions dont un frontispice en couleurs par Georges Rochegrosse, gravées à l'eau-forte
par E. Decisy. *Paris, F. Ferroud*, 1907. In-8, mar. brun foncé,
dos à 3 nerfs carrés, premier plat décoré de motifs variés encastrés
dans 9 compart. : au centre, plaque de vieil argent repoussé à
dessin d'entrelacs sur fond doré, encadrée d'un cuir fauve bordé
de gros points dor. avec angles mosaïqués en mar. vert, motifs en
corne sculptée dans les compart. latéraux, et petites roses de vieil
argent repoussé aux quatre coins; le second plat est orné d'un
grand cuir incisé et peint, décoré d'une guirlande de roses, coupé
au centre par une plaque de corne sculptée et aux angles par
4 compart. à coins mosaïqués contenant 4 roses en vieil argent
repoussé; fil. intér., doublures en cuir peint et incisé décorées
chacune d'un motif égyptien encadré de petits carrés dor., gardes
en soie peintes, à motifs du même genre, t. dor., n. rogné, couv.
et dos conservés, étui doublé de chamois (*Rel. de Moens, décoration extérieure et intérieure par M*^{me} *W.-R.*).

> Édition tirée a 200 exempl. — L'un des 65 exempl. **sur Japon
> impérial** contenant *3 états* des eaux-fortes dont l'eau-forte pure.
> Celui-ci (N° 3) est enrichi d'une **aquarelle originale de Georges**
> Rochegrosse. — On y a joint le *prospectus* de l'édition.

95. **France** (Anatole). Vie de Jeanne d'Arc. *Paris, Calmann-Lévy*
(1908). In-8, 2 vol., demi-chagr. grenat jans., t. jasp., non rogné,
couv. conservée.

> **Edition originale.**
> Petite répar. à un coin de la couv. du tome I.

96. **Gautier** (Judith) et **Loti** (Pierre). La Fille du Ciel. Drame
chinois. *Paris, Calmann-Lévy* (1911). In-12, mar. rouge, dos à
nerfs et compart. de fil. dor., plats encadrés de 2 fil. dor., et
ornés des armoiries impériales chinoises (oiseau fabuleux et dragon

rouge) peintes sur plaques d'émail; encadr. intér. à 4 fil. dor., doublure et gardes en soie peintes, t. dor., tr. dor. sur fausses marges, couv. et dos conservés, étui (*Rel. de Pagnant, décoration extérieure et intérieure par M*^mo *W.-R.*).

EDITION ORIGINALE.
L'un des 30 exempl. sur papier de Hollande (N° 7).
On y a joint une lettre de JUDITH GAUTIER au sujet des motifs chinois de la reliure.

97. **Gautier** (Théophile). La Morte Amoureuse. Compositions de P.-A. Laurens, gravées en couleurs par Eugène Decisy. *Librairie de la Collection des Dix, A. Romagnol, Paris*, 1904. In-8, broché, couv. illustrée en couleurs [couv. défraîchie].

Edition tirée à 300 exempl. — L'un des 200 exempl. **sur papier vélin d'Arches** avec l'*état terminé avant la lettre* des planches hors texte. On y a joint une *eau-forte de L. Burière*, et *le prospectus* de l'édition.

98. **Gautier** (Théophile). Le Pavillon sur l'eau. Compositions en couleurs de Henri Caruchet. Préface par Camille Mauclair. *Paris, A. Ferroud*, 1900. In-8, mar. olive, dos à nerfs orné de bambous à froid piqués de points dor., premier plat couvert d'un grand cuir peint et incisé inspiré par le titre de l'ouvrage, encadr. intér. de fil. à froid, doublures de cuir peint et incisé à décor de poissons rouges, gardes en soie peintes aux mêmes motifs, doubles gardes, tr. dor., couv. et dos conservés, étui (*Rel. de Pagnant, décoration extérieure et intérieure par M*^me *W.-R.*).

Edition tirée à 350 exempl. — L'un des 250 exempl. **sur papier vélin d'Arches** (N° 192).
Sur *le faux titre, envoi de* H. Caruchet *à* José Maria de Heredia.

99. **Gebhart** (Emile). La Dernière Nuit de Judas. Compositions et gravures en couleurs par Gaston Bussière. *Paris, F. Ferroud*, 1908. In-8, broché, couv. illustrée.

Edition tirée à 360 exempl. — L'un des 75 exempl. **sur papier du Japon** avec les illustrations en **deux états**.

100. **Gebhart** (Emile). Le Roi Dagobert. Illustrations et gravures à l'eau-forte par Léon Lebègue. *Paris, F. Ferroud*, 1911. In-8, mar. grenat, dos jans., premier plat orné d'un portrait de St Eloi sur corne sculptée encastrée au centre; intér. encadré de fil. à froid, doublé de cuir peint et incisé à décor de crosses et de paons stylisés, rehaussés d'or, gardes en soie peintes, doubles gardes, t. et tr. dor., n. rogné, couv. et dos conservés, étui (*Rel. de Pagnant, décoration extérieure et intérieure par M*^mo *W.-R.*).

Edition tirée à 300 exempl. — L'un des 20 exempl. sur **grand papier du Japon**, contenant une **aquarelle originale** de l'illustrateur sur le faux titre, et **trois états** des eaux-fortes : l'eau-forte pure, l'état en noir avec remarque, et l'état en couleurs avec remarque, avant la lettre (N° 18).

101. **Gill** (André). Vingt portraits contemporains. Notice par Jean Richepin. *Paris, M. Magnier et Cie*, 1886. In-fol., en ff., dans le portefeuille percal. bleue de l'éditeur.

> Album de 20 curieux portraits-charges (Exempl. du tirage en noir).

102. **Goncourt** (Ed. et J. de). Sophie Arnould d'après sa correspondance et ses mémoires inédits. *Paris, E. Dentu*, 1877. Pet. in-4, mar. rose pâle, dos à 3 doubles nerfs disposés en chevrons, encadr. intér. à petits fleur. mosaïqués entre 2 fil. dor., doublures en vélin peint et pyrogravé décorées d'une élégante composition montrant un bouquet de fleurs, un carquois, un collier de perles et des plumes de paon suspendus à l'arc d'Eros ; fil. s. les coupes, t. dor., n. rogné, couv. et dos conservés, étui doublé de chamois (*Décoration intérieure par Mme W.-R.*).

> Edition tirée à petit nombre, ornée d'un portrait et de vignettes à l'eau-forte par *F. Flameng*. Encadrements dessinés par *Claudius Popelin*.

103. **Gourmont** (Remy de). Litanies de la Rose. Ouvrage illustré et décoré par André Domin. *Paris, R. Kieffer*, 1919. In-16, broché.

> Edition encadrée de bordures en bistre et or, et illustrée de compositions en couleurs dans le texte.
> Tirage à 560 exempl. — L'un des 10 exempl. sur **papier du Japon** contenant la *suite à part des illustrations sur Japon mince*, et une **aquarelle** originale de l'artiste (N° 8).

104. **Gourmont** (Remy de). Les Saintes du Paradis. Images d'Aug. Henri Thomas. *Paris, R. Kieffer*, 1922. In-4, broché, couv. illustrée en couleurs.

> Curieuse édition, naïvement imagée en couleurs à toutes les pages.
> Tirage à 550 exempl. — L'un des 20 exempl. sur **Japon impérial**, avec une *suite des « Saintes » tirée à part en noir* et une **aquarelle** originale de l'artiste (N° 6).

105. **Grappe** (Georges). H. Fragonard peintre de l'amour au XVIIIe siècle. *Paris, H. Piazza* (1913). In-4, broché.

> 50 reproductions de tableaux et estampes appliquées dans le texte ou sur planches hors texte.
> Tiré à 500 exempl. sur papier du Japon (N° 356).

106. **Guyot** (Charles). La Toison d'or, et quelques autres contes de la Grèce ancienne. Illustrés par Edmond Dulac. *Paris, H. Piazza* (1921). In-4, broché, couv. illustrée en couleurs et or.

> Texte encadré ; 14 planches hors texte en couleurs.
> Tirage à 1300 exempl. — L'un des 300 exempl. avec une *suite des planches en couleurs non encadrées* (N° 37).

107. **Guyot** (Charles). Le Printemps sur la neige et d'autres contes du bon vieux temps. Illustrations de A. Rackham. *Paris, H. Piazza* (*s. d.*). In-4, broché, couv. en or et couleurs.

> Texte encadré ; 16 planches hors texte en couleurs.
> Tirage à 1300 exempl. (N° 734).

108. **Hanotaux** (Gabriel). Jeanne d'Arc. *Paris, Hachette et Cie, 1911.* Gr. in-4, mar. olive foncé, dos jans., premier plat orné d'un grand médaillon en cuir incisé et peint reproduisant la Jeanne d'Arc équestre de la couv. imprimée ; intér. doublé de cuir peint et incisé orné d'une composition décorative à motifs répétés, encadré d'une bordure de petits motifs à froid piqués de losanges et pet. fil. dor. ; gardes peintes en vélin décorées de grands rinceaux en vert sur fond bleu rayé de jaune, t. dor., tr. ébarb. et dor., couv. illustrée et dos conservés, étui (*Rel. de Pagnant, décoration extér. et int. par Mme W.-R.*).

> Édition **encadrée** et ornée d'un grand nombre de fac-similés d'anciennes gravures sur bois.
> (Exempl. du **tirage de luxe** grand in-4.)

109. — **Le même ouvrage.** (*Exemplaire du tirage ordinaire, sans encadrements, au format pet. in-4.*) Rel. demi-cuir vert-bleu sur ais de bois, dos sans nerfs aux armes de France et de Jeanne d'Arc, plats historiés de peintures sur le bois et motifs peints et incisés sur le cuir avec les portraits de David portant la tête de Goliath et de David jouant de la harpe ; intér. doublé de cuirs incisés, peints et rehaussés d'or, décorés de fleurs et de trois écus aux armes de France, de l'Université et de la Ville de Paris, gardes en soie peintes aux angelots, doubles gardes, t. rouge, n. rogné, couv. et dos, fermoirs, étui doublé de chamois (*Mme W.-R.*).

110. **Haraucourt** (Edmond). L'Effort. (La Madone. L'Antéchrist. L'Immortalité. La Fin du Monde.) *A Paris, 1894. Publié pour les Sociétaires de l'Académie des Beaux Livres. Bibliophiles Contemporains.* In-4, broché, couv. illustrée en couleurs.

> Illustrations en couleur et en noir à toutes les pages par Alex. Lunois. C. Schwabe, Alex. Séon.
> Exempl. au n° 102 au nom de Mme de Monceau, avec une *suite à part* (sur Japon) des illustrations du 3e conte (10 planches). La couverture est fatiguée.

111. **Haraucourt** (Edmond). Le Poison. Illustrations en couleurs de Lucien Simon. *Paris, R. Kieffer,* 1920. In-4, broché.

> 30 illustrations et vignettes en couleurs dans le texte.
> Tirage à 550 exempl. — L'un des 10 exempl. sur papier vélin à la **forme** avec une *suite en couleurs, une suite en noir,* et une **aquarelle originale** du peintre L. Simon (N° 9).

N° 116. — *Heullant*. Rabelais.

112. [**Hennique** (Léon)]. Chronique du temps qui fut la Jacquerie par Mayneville. Illustrations de L. O. Merson. *Librairie de la Collection des Dix, A. Romagnol*, 1903. In-8, demi-cuir fauve sur ais de bois, dos à nerfs orné de motifs incisés, plats décorés de deux compositions incisées sur le cuir avec le titre en rouge, et de motifs pyrogravés sur le bois, t. rouge, n. rogné, couv. et dos conservés, étui, fermoirs (*M*me *W.-R.*).¶

> Edition imprimée en gothique noire et rouge, et tirée à 340 exempl.
> — L'un des 75 exempl. contenant les eaux-fortes en **4 états**.
> Celui-ci (n° 81) est sur papier **vélin de cuve d'Arches** ; il porte sur le faux titre une **dédicace de** l'auteur (*A. M. W.-R. pour son illustre talent et pour sa force...*).
> On y a joint : le *prospectus* de l'édition et une **lettre autographe** de l'Auteur à M. W.-R. disant que le livre lui est offert en reconnaissance pour *la protection accordée à la mémoire et aux suprêmes volontés d'Edmond de Goncourt*.

113. **Hervieu** (Paul). Théâtre. *Paris, Alph. Lemerre*, 1900-1902. Pet. in-12. 2 vol., cuir, dos sans nerfs, premiers plats décorés de petites chouettes incisées et peintes, t. dor., n. rogné, couv. conservée (*M*me *W.-R.*).

> Le second vol. porte une **dédicace** à *M. W.-R. Président du Conseil des Ministres*.

114. **Hervieu** (Paul). Théroigne de Méricourt. Pièce en six actes, en prose. Représentée pour la première fois au Théâtre Sarah-Bernhardt le 23 décembre 1922. *Paris, Alph. Lemerre*, 1922. In-12, mar. bleu foncé, dos sans nerfs, second plat orné d'une médaille de bronze encastrée au centre, doublures mar. havane serties d'un fil doré, la première est décorée d'un motif mosaïqué à cocarde et nœud de rubans tricolores dont un morceau passe sur le plat, gardes en soie, t. dor., tr. dor., s. fausses marges, couv. et dos conservés (*Rel. de Durvand, décorée par M*me *W.-R.*).

> Edition originale.
> *Bel exemplaire, avec* **dédicace autographe** *à M*me *W.-R.*

115. **Hervieu** (Paul). Le Dédale. Pièce en cinq actes, en prose. Représentée pour la première fois sur la scène du Théâtre-Français, le 19 décembre 1903. *Paris, Alph. Lemerre*, 1903. In-12, cuir fauve, dos sans nerfs, plats ornés de motifs peints et incisés, rehaussés d'or, dent. intér., n. rogné, couv. et dos conservés (*Rel. de Durvand, décorée par M*me *W.-R.*).

> Edition originale. — Bel exemplaire.
> **Dédicace** *à M. W.-R. sur le faux titre.*

116. **Heulhard** (Arthur). Rabelais, ses voyages en Italie, son exil à Metz. Ouvrage orné d'un portrait à l'eau-forte de Rabelais, de deux restitutions en couleurs de l'Abbaye de Thélème, de neuf planches hors texte et de 75 gravures dans le texte... *Paris, Librairie de*

l'Art, 1891. Gr. in-8, mar. olive foncé. dos à 2 nerfs ; centre du premier plat décoré d'un large bouclier à milieu d'ivoire, en corne sculptée et ajourée, entouré d'une couronne d'argent doré et encadré d'une grande plaque de vieil argent repoussé sertie de quatre turquoises et de 12 cabochons d'ivoire, les quatre coins du plat ornés de 4 motifs en corne sculptée à jour et appliqués sur plaque dor. ; 4 motifs du même genre et un autre bouclier à milieu d'ivoire, en corne ajourée, décorent le second plat : tous ces motifs encastrés dans le mar., sont entourés de fil. dor. et de petits fleur. carrés ; à l'intér., large encadr. de fine dent. et fil. dor., doublure et gardes en soie peintes, à décor de cloches et d'angelots, doubles gardes, fil. et motifs dor. s. les coupes, t. dor., n. rogné, conv. et dos conservés, étui doublé de chamois (*Rel. de Moens, décoration extér. et int. par M*^me^ *W.-R.*).

> L'un des 70 exempl. **sur pap. de Hollande.** Celui-ci (n° 10) qui est à toutes marges, contient le *portrait de Rabelais en 2 états :* avant la lettre sur Japon, et avec la lettre.
> **Magnifique reliure,** remarquable pour la richesse et la variété de sa décoration.

117. (**Homère.**) Nausikaa. Traduction de Leconte de Lisle. Compositions décoratives par Gaston de Latenay. *Paris, H. Piazza & C*^ie^, 1899. In-4, broché, enveloppe.

> Edition ornée ou illustrée en couleurs à toutes les pages.
> Tirage à 400 exempl. — L'un des 330 exempl. sur fort **papier vélin des Vosges** (N° 290).

118. **Hugo** (François). Papillons. Pet. in-8 oblong, en portefeuille.

> Album de 10 planches gravées et imprimées en couleurs par *François Hugo,* non mis dans le commerce et **tiré à 20 exempl.** (N° 8).

119. **Huysmans** (J.-K.). La Cathédrale. — (Soixante quatre-eaux-fortes originales de Charles Jouas.) *Paris, A. Blaizot ; R. Kieffer,* 1909. In-4, mar. bleu, dos jans. ; plaques de vieil argent repoussé encastrées au centre de chaque plat, double fil. intér. encadrant deux grandes eaux-fortes de Ch. Jonas tirées sur satin ; gardes en soie peinte ornées d'angelots, doubles gardes, t. dor., non rogné, couv. et dos conservés, étui (*Rel. de Kieffer, décoration extérieure et intérieure par M*^me^ *W.-R.*).

> Cette belle édition, l'une des plus recherchées de la « *Collection Eclectique* », a été tirée à 250 exempl. Celui-ci, sur papier du Japon, est l'un des 30 exempl. *contenant 2 états des eaux-fortes, dont l'eau-forte pure* (N° 23).
> Il est, en outre, enrichi d'une **aquarelle originale de Ch. Jonas** (*L'Eure, vue du Pont S*^t^ *Hilaire.*)
> Remarquable reliure d'une richesse discrète appropriée au caractère de l'ouvrage. La grande composition sur vieil argent qui orne le premier plat représente un intérieur de cathédrale ; l'autre plat est orné d'une élégante rosace à motifs gothiques.

Nº 119. — *Huysmans.* La Cathédrale.

120. Huysmans (J.-K.). Le Quartier Notre-Dame. Illustrations et gravures de Ch. Jouas. *Librairie de la Collection des Dix, A. Romagnol*, 1905. Pet. in-8, mar. bleu foncé, dos à 4 nerfs orné de motifs mosaïqués, plats couverts d'un décor à cinq rangs de fleur. mosaïq. en rouge, bleu et autres tons sur fond de fil. courbes poussés à froid, dans un encadr. formé d'une bande de mar. mauve sertie entre 2 fil. dor. et d'une bordure de fleur. dor. et mosaïq. ; intér. bordé de mar. et encadré de 3. fil. avec quatrefeuilles aux angles, doublure et gardes en soie, doubles gardes, t. dor., n. rogné, couv. et dos conservés, étui (*R. Kieffer*).

Edition tirée à 350 exempl.
L'un des 120 exempl. contenant **3 états des eaux-fortes** dont l'eau-forte pure et l'état terminé avec remarque (N° 82).

121. Huysmans (J.-K.). Sainte Lydwine de Schiedam. *Paris, P.-V. Stock*, 1901. Pet. in-4, mar. violet foncé, dos à 4 nerfs orné d'un motif mosaïqué, plats décorés de deux tiges de lis mosaïquées en divers tons et à traits dor. dans un encadr. formé d'une bande de mar. vert foncé sertie entre 2 fil. dor., dont l'entrelacs dessine un grand ovale accosté de quatre petits cercles; encadr. intér. à 3 fil. avec croix de Malte aux angles, sur large bordure mar., doublures et gardes en soie ornée de roses, doubles gardes, t. dor., n. rogné, couv. et dos conservés (*R. Kieffer*).

Edition originale, imprimée à Hambourg, avec caractères fondus spécialement.
Elle a été tirée à 1240 exempl. — L'un des 10 exempl. **sur papier de Chine** (N° 1).
Celui-ci porte sur le f. de justification du tirage, la dédicace suivante, de la main de Huysmans :

> *A Sa Majesté l'Empereur d'Allemagne*
> *hommage respectueux*
> *de l'auteur et de l'Editeur,*
> *J.-K. Huysmans.   P. V. Stock.*

Bel exemplaire dans une élégante reliure.

122. Le même ouvrage (*broché, sur papier ordinaire*).

123. Huysmans (J.-K.). Sainte Lydwine de Schiedam. *Paris, P.-V. Stock*, 1901. In-12, broché, n. coupé.

Première édition dans ce format.

124. Huysmans (J.-K.). Trois Eglises. Eaux-fortes originales de Ch. Jouas. *Paris, R. Kieffer*, 1920. In-4, broché, couverture illustrée.

Edition imprimée en caract. gothiques anciens de Simon Vostre; texte encadré; 21 planches hors texte.
Tirage à 260 exempl. — L'un des 30 exempl. sur papier à la

forme, avec les eaux-fortes en 3 états. — Celui-ci (N° 40) est en
outre enrichi d'une aquarelle originale de *Ch. Jouas* (Projet de couverture).

125. **Imitation de Jésus-Christ** (L'). Traduction de Michel de
Marillac... précédée d'une préface par Louis Veuillot. *Paris, Glady
frères*, 1876. In-8, mar. grenat foncé, dos jans., encadr. intér.
de fil. à froid entre 2 fil. dor., doublures en cuir peint et incisé
ornées de motifs répétés rehaussés d'or, attributs de la Passion
sur la première, et décor floral sur la seconde; gardes en soie
peintes aux mêmes motifs, fil. s. les coupes, t. dor., tr. dor. sur
fausses marges, couv. et dos conservés, étui (*Rel. de Pagnant,
décoration intérieure par Mme W.-R.*).

> Tirage de luxe à 312 exempl. — Exempl. n° 143 sur papier de
> Hollande, à toutes marges, avec un état avant la lettre des planches
> hors texte (Quelques pl. sont avec la lettre).

126. **Imitation de Jésus-Christ** (L'). Traduction de Michel de
Marillac... Compositions par J.-P. Laurens, gravées à l'eau-forte
par Léopold Flameng. *Paris, A. Quantin*, 1878. In-8, mar. marron
clair, dos orné, fil. et compart. de rinceaux dor. sur les plats,
intér. bordé de mar. et encadré de 5 fil. dor., doublure et gardes
en soie à motifs dor., doubles gardes, n. rogné, couv. et dos
conservés, étui (*R. Kieffer*).

> Bel exemplaire, l'un des 20 imprimés sur papier du Japon, et con
> tenant les eaux-fortes en trois états avant la lettre en noir et en
> bistre, et avec la lettre.

127. **Irving** (Washington). Rip van Winkle. Illustré par ARTHUR
RACKHAM. *Paris, Hachette*, 1906. Pet. in-4, toile verte, premier
plat illustré (*Rel. de l'éditeur*).

> Edition ornée de *50 planches en couleurs* montées sur papier
> vert.

128. **Ingoldsby.** The Jackdaw of Reims. An ancient ballad by
Thomas Ingoldsby, with ye old writing and ye new illustrations
by Ernest Maurice Jessop. *London, Eyre and Spottiswoode* (s. d.).
In-fol., cartonn. illustré de l'Editeur.

> Edition illustrée en couleurs à toutes les pages.

129. **Jacques** (Henry). Sous le signe du Rossignol. Conte... illustré
par Kay Nielsen. *Paris, H. Piazza* (s. d.). In-4, broché, couv.
illustrée.

> Texte encadré; 19 planches hors texte en couleurs.
> Tirage à 1500 exempl. — L'un des 150 exempl. sur papier Japon
> *avec une suite en couleurs des planches non encadrées.*

13o. **Jammes** (Francis). Almaïde d'Etremont. Illustrations en couleurs de J.-B. Vettiner. *Paris, R. Kieffer*, 1921. In-4, broché, couv. illustrée en couleurs.

> Edition tirée à 5oo exempl. — L'un des 5o exempl. **sur Japon impérial**, contenant un **dessin original** de l'artiste (N° 2o).

131. **Jammes** (Francis). Clara d'Ellébeuse, ou l'histoire d'une ancienne jeune fille. *Paris, Mercure de France*, 1912. In-4, broché.

> Edition illustrée de compositions en couleurs par *R. Bonfils*.
> Tiré à 35o exempl. — L'un des 5o exempl. **sur papier du Japon** (N° 3o).

132. **Jammes** (Francis). Les Géorgiques Chrétiennes. Bois originaux gravés par J.-B. Vettiner. *Paris, R. Kieffer*, 1920. In-4, broché, couv. illustrée.

> 63 gravures sur bois dans le texte.
> Tirage à 55o exempl. — L'un des 4o exempl. **sur Japon**, avec une *suite des bois tirés sur Chine* (N° 48).

133. **Jammes** (Francis). Pomme d'Anis. Illustrations de Henri Georget. *Paris, Mercure de France*, 1914. In-4, broché, couv. illustrée en couleurs.

> Illustrations en couleurs dans le texte.
> Edition tirée à 3oo exempl. — L'un des 5o exempl. **sur papier du Japon** (N° 41).

134. **Kipling** (Rudyard). L'Habitation forcée. Traduction de Louis Fabulet et Robert d'Humières. Illustrations en couleurs de Jessie M. King. *Paris, R. Kieffer*, 1921. Pet. in-4, broché, couv. illustrée en couleurs.

> Edition tirée à 55o exempl. — L'un des 5o exempl. **sur Japon** avec une *suite à part des illustrations tirées en noir sur papier de Chine* (N° 6).

135. **Kipling** (Rudyard). La Plus Belle Histoire du Monde. Traduit de l'anglais avec autorisation de l'Auteur par Louis Fabulet et Robert d'Humière. Accompagné de vingt croquis de Maxime Dethomas. *Paris, R. Kieffer*, 1919. Pet. in-4, broché.

> Tirage à 55o exempl. — L'un des 5o exempl. **sur Japon**, *avec suite à part des illustrations* (N° 16).

136. **Chanson deRoland** (La), publiée d'après le manuscrit d'Oxford, et traduite par Joseph Bédier... Illustrée par Paul Régnard. *Paris, H. Piazza*, 1923. In-4, broché, couv. en couleurs, étui.

> Texte encadré ; compositions en noir dans le texte, et 2o planches hors texte en couleurs.
> Tirage à 6go exempl. — L'un des 115 exempl. **sur Japon impérial**, *avec un état des planches hors texte.*

137. **Lamartine** (A. de). Mes confidences. — Fior d'Aliza. *Paris, E. Dentu*, 1863. In-8, dos et coins mar. bleu foncé à long grain, dos orné en long à la romantique, t. dor., n. rogné, couv. et dos conservés (*R. Kieffer*).

Édition originale.

138. **Lamennais** (F.). Paroles d'un Croyant. Préface de Gabriel Séailles. *Paris, Imprimé pour Charles Meunier*, 1908. In-4 mar. grenat foncé, dos à 4 nerfs avec feuille de houx mosaïquée en vert au centre, chaque plat orné d'un grand cuir fauve incisé et peint, le premier est décoré d'une riche composition polychrome avec comme motif principal une grande croix enlacée par le serpent et dressée entre deux branches de houx fleuries ; le second cuir est à champ vert encadré d'une bordure claire avec boutons de lys aux angles, et motif central formé d'une tige de lys épanoui entourée d'un serpent ; cadre intér. à bandes de mar. mauve serties entre deux fil. dor., avec fleur. d'angle ; doublure et gardes en moire violette, doubles gardes, t. dor., tr. ébarb. et dor., couv. et dos conservés, enveloppe dos et bords mar., doublée de peau, étui (*Ch. Meunier*).

> Edition tirée à 166 exempl. ; celui-ci, **sur papier vélin teinté** (n° 10) est l'un des 15 exempl. contenant : 1° **un dessin original inédit de Carlos Schwabe** ; *2° une suite à part de toutes les eaux-fortes tirées avant la lettre ; 3° une suite sur vélin des 42 encadrements floraux non utilisés, avec tirage à part au verso de tous les culs-de-lampe contenus dans l'ouvrage.*
> On y a joint le *prospectus* de la publication.
> *Riche reliure de Ch. Meunier, signée et datée de 1909.*

139. (**Lamennais.**) Paroles d'un Croyant, par l'abbé F. de La Mennais, quand il était un croyant, retrouvées, mises en italien d'après le manuscrit même de M. de La Mennais, et reproduites en français d'après la traduction italienne, par un Chanoine d'Aoste… *Librairie catholique de Perisse frères, Lyon et Paris…*, 1837. In-8, cartonn. Bradel, n. rogné, couv. conservée.

> Ouvrage rare, inconnu à Quérard qui a consacré à Lamennais une notice fort détaillée. — C'est l'une des nombreuses publications provoquées par les *Paroles d'un Croyant.*

140. **La Motte-Fouqué** (de). Ondine. Illustré par Arthur Rackham. *Paris, Hachette et Cie*, 1912. In-4, vélin blanc, t. dor., non rogné, dos et plat illustrés, étui (*Cartonn. de l'éditeur*).

> 15 planches hors texte en couleurs, montées sur papier teinté.
> Tirage à 390 exempl. — L'un des 350 exempl. **sur papier vélin à la forme** (N° 109).

141. **Larrouy** (Maurice). L'Odyssée d'un Transport torpillé. Illustrations de Charles Fouqueray. *Paris, Société des Amis du Livre moderne,* 1923. In-4, broché, couv. illustrée en couleurs, en étui.

> Illustrations en couleurs gravées à l'eau-forte en fac-similé d'aquarelle et tirées dans le texte.
> Tirage à 150 exempl. — Exempl. n° 110, bien complet du *carton* pour l'achevé d'imprimer, et contenant **l'un des dessins originaux**.

142. **Leconte de Lisle.** Les Erinnyes. Illustrations en couleurs par Auguste Leroux. *Paris, Société des Amis du Livre Moderne,* 1912. In-4, mar. grenat, premier plat orné d'un grand cuir teinté et incisé avec motif rehaussé d'or dans un encadr. de dents de scie dor. ; sur le second plat, un cuir plus petit encastré au centre est décoré d'un trépied antique en or sur fond noir ; intér. doublé de grands cuirs peints et incisés, décorés de serpents noirs tachetés d'argent et vomissant des flammes d'or ; gardes en soie peintes à motifs grecs et têtes d'Erinnyes, doubles gardes, t. dor., n. rogné, couv. et dos conservés, étui (*Rel. de R. Kieffer, décoration extérieure et intérieure par Mme W.-R.*).

> Edition tirée à 150 exempl. — Exempl. sur papier du Japon imprimé pour Mme W.-R. (N° 110).
> Il contient, à la fin, les 4 planches de décomposition des couleurs d'un encadrement ; et on y a joint en tête, les deux **dessins originaux**, en noir et en couleurs, de la page 34 ainsi que les 8 *épreuves d'essais* en noir et en couleurs de la même illustration.

143. **Marot** (Clément). Ballades, Rondeaux, & Chansons. Eaux-fortes en couleurs, et Bois dessinés et gravés par Georges Bruyer. *Paris, A. Blaizot ; R. Kieffer,* 1910. In-4, mar. havane, dos jans., plats ornés de rosaces en corne sculptée à jour encastrées aux angles et entourées d'un ruban de 2 fil. à froid ; encadr. intér. à 2 fil. dor., doublure en cuir peint et incisé décorée d'un encadr. d'entrelacs croisés au centre ; gardes en soie peintes, doubles gardes, t. dor., couv. conservée, n. rogné, étui (*Rel. de R. Kieffer, décoration extérieure et intérieure par Mme W.-R.*).

> Edition de la *Collection éclectique,* tirée à 250 exempl. — L'un des 20 exempl, contenant **3 états des eaux-fortes**, dont l'eau forte pure, une suite à part des gravures sur bois sur Japon pelure, et une **aquarelle originale inédite** de l'illustrateur.
> Cet exempl. (n° 8) est sur papier **vélin**.

144. **Longus.** Daphnis et Chloé. Suite de 6 eaux-fortes d'après les dessins de Prud'hon, gravées par Boilvin. (*Paris, Lemerre,* [1872].) Pet, in-4, cartonn. Bradel, pap. à tourniquets.

> Sur papier de Chine.

145. **Lorrain** (Jean). Narkiss. Dessins de O. D. V. Guillonnet, gravés par X. Lesueur ; préface de J. Doucet. *Paris, Edition du Monument,* 1908. In-8, mar. olive foncé, intér. encadré d'un fil. doré, doublé de grands cuirs peints et incisés à fond d'or vert, motifs égyptiens et

fleurs de nacre sur champ d'or jaune ; la première doublure, dont le fond est relevé d'un scarabée et de deux cabochons de verre irisé, est en outre décorée d'une petite plaque de corne sculptée, avec la figure de Narkiss mort, d'après la dernière illustration du livre ; gardes en soie peintes dans le style égyptien, doubles gardes, t. dor., n. rogné, couv. et dos conservés, étui (*Rel. de R. Kieffer, décoration intérieure par Mme W.-R.*).

Edition tirée à 3oo exempl. — L'un des 25 exempl, sur papier du Japon, *contenant les illustrations en trois états* (N° 18).

146. **Loti** (Pierre). La Mort de Philae. Illustré de 20 eaux-fortes de Géo Colucci. *Paris, R. Kieffer,* 1924. In-4, broché.

Edition tirée à 5oo exempl. — L'un des 20 exempl. sur Japon impérial avec les eaux-fortes en **3 états** (N° 15).

147. **Louys** (Pierre). Aphrodite. Mœurs antiques. Illustrations de A. Calbet. *Paris, Librairie Borel,* 1896. Pet. in-8, mar. marron, dos à 4 nerfs orné au centre d'un motif à 4 rosettes en losange, motifs et fil. sur les plats, cadre intér. à 2 fil. et palmettes aux angles, doublure et gardes en soie brochée, doubles gardes, t. dor., n. rogné, couv. et dos conservés, étui (*R. Kieffer*).

Collection Ed. Guillaume, « Nymphée ».
Exemplaire contenant deux suites à part des illustrations tirées sur Japon en noir et en sanguine.

148. **Louys** (Pierre). Aphrodite. Mœurs antiques. Quarante-trois compositions dont cinq hors-texte de Raphael Collin, gravées sur bois en couleurs par Ernest Florian. *Paris, F. Ferroud,* 1909. In-4, 2 vol., mar. grenat, plats ornés de grands cuirs incisés peints en couleurs et or, celui du premier plat est décoré d'un cœur ardent enlacé d'une guirlande de roses d'or ; au premier plat du second vol., belle composition représentant le tombeau d'Aphrodite, dans un paysage de cyprès avec, au premier plan, une amphore antique d'où sort la fumée des parfums ; les cuirs des seconds plats sont ornés d'un encadr. d'entrelacs sur fond d'or, entrecroisés au centre sur fond bleu ; cadre intér. à 2 fil. dor., doublures en cuir incisé, peint en couleurs et argent, décorées de 2 motifs différents à cœurs ardents et roses rouges ; gardes en soie peintes ayant comme motif une rose rouge aux pétales effeuillées dont la tige épineuse traverse un cœur, doubles gardes, t. dor., couv. et dos conservés, étui (*Rel. de R. Kieffer, décoration extérieure et intérieure par Mme W.-R.*).

Edition tirée à 485 exempl. — L'un des 65 exempl. **sur Japon impérial** contenant une suite à part de **3 états** des illustrations : en noir sur papier de Chine, en couleur sans remarque, en couleur avec remarque (N° 56).

On a joint à cet exemplaire : le *prospectus* de l'édition, et **70 dessins originaux de R. Collin,** croquis préparatoires et dessins définitifs exécutés pour l'ouvrage.
Précieux exemplaire dans une telle reliure.

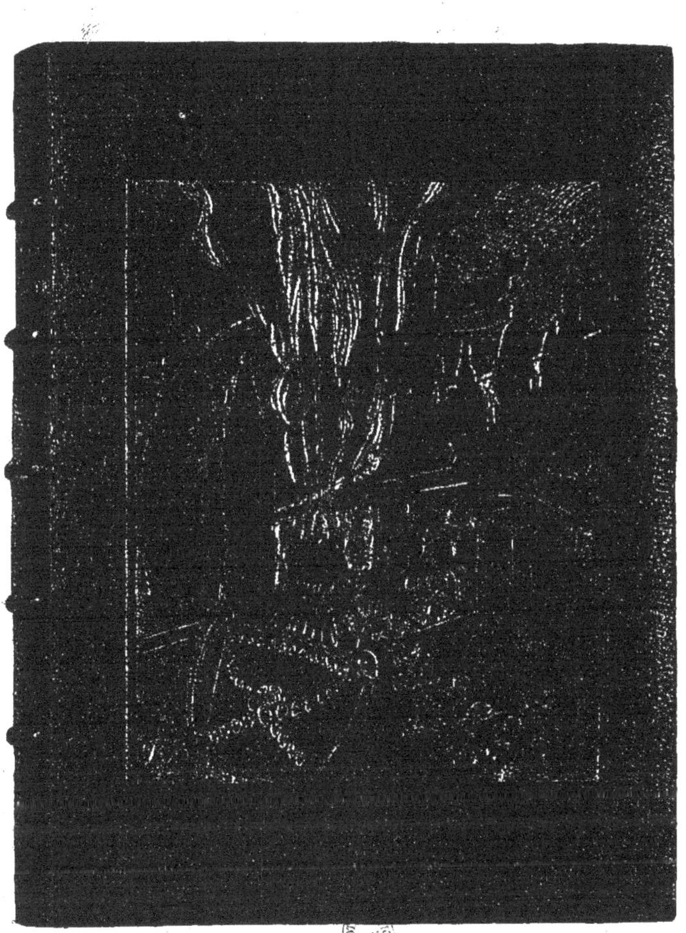

Nᵒ 148. — *Louÿs. Aphrodite.*

149. **Louys** (Pierre). Les Chansons de Bilitis. Trente-trois compositions de Raphaël Collin gravées à l'eau-forte par Ch. Chessa. *Paris, F. Ferroud*, 1906. In-4, mar. brun, jans. ; intér. orné de deux grandes plaques en vieil argent repoussé encastrées dans une bordure de mar. à motifs mosaïqués, la première doublure est décorée d'une gerbe de branches de rosier encadrée d'une bordure de feuilles avec 4 petites roses en corne sculptée encastrées aux quatre angles, la seconde plaque a comme décor une grande draperie à la grecque et une guirlande retombant du haut d'un arc en plein ceintre entre deux colonnes antiques ; gardes peintes en soie noire décorées d'une guirlande de cœurs roses percés de flèches rouges et vertes ; doubles gardes, t. dor., n. rogné, couv. et dos conservés, étui (*Décoration intérieure par Mme W.-R.*).

> Edition tirée à 325 exempl. — L'un des 60 exempl. contenant les eaux-fortes en **deux états** (dont l'état avant la lettre et avec remarque). Celui-ci (n° 86) est sur **Japon impérial**.
> **Exemplaire exceptionnel, enrichi de 63 croquis et dessins originaux de R. Collin** exécutés pour la publication.

150. **Louys** (Pierre). — Suite de six eaux-fortes de Albert Laurens pour *Aphrodite* de Pierre Louÿs. *Paris, P. Duffau*, 1897. In-fol., en ff.

> Suite tirée à 150 exempl. — Celui-ci est l'exempl. unique n° 2 composé de 1 suite sur papier du Japon avec remarque et signature autographe de l'artiste, 2 états, 1 suite des épreuves biffées, et une série de 12 épreuves d'essais divers.
> On a joint à cet exempl. la **lettre originale autographe de Pierre Louys** à l'éditeur (dont le fac-similé se trouve imprimé au r° de la justification du tirage).

151. **Louys** (Pierre). Byblis. Compositions en couleurs de Henri Caruchet. Préface par Gilbert de Voisins. *Paris, A. Ferroud*, 1901. In-8, broché, couv. illustrée en couleurs.

> Edition tirée à 300 exempl. — L'un des 200 exempl. sur *papier vélin d'Arches* (N° 153).

152. **Louys** (Pierre). Les Trois Roses de Marie-Anne. Illustrations et gravures à l'eau-forte par Léon Lebègue. *Paris, F. Ferroud*, 1909. In-8, broché, couv. illustrée.

> Edition tirée à 300 exempl. — L'un des 30 exempl. **sur papier du Japon** avec les eaux-fortes en 3 états (N° 10).

153. **Lucien.** Le Banquet ou les Lapithes. 18 décorations grecques en couleurs dont cinq hors texte. *Paris, M. Glomeau*, 1912. Pet. in-8, mar. olive, dos jans., premier plat décoré d'une figure sur cuir peint et incisé, encadr. intér. de fil. à froid et pointillés dor. avec motifs grecs aux angles, doublure en cuir peint et incisé,

gardes en soie peintes, tr. dor., couv. et dos conservés, étui (*Rel. de Pagnant, décoration extérieure et intérieure par* Mme *W.-R.*).

Édition tirée à 3oo exempl. — L'un des 13 exempl. sur Japon impérial contenant une suite d'*essais* des illustrations tirés en noir, deux suites à part en noir et en bistre, et un dessin original en couleurs de *L. Lebègue* pour l'illustration de la p. 23 (N° 8).

154. **Lucien.** Scènes de courtisanes. Traduction de H. Piazza et C. Chabault, illustrée par Richard Ranft. *Paris, H. Piazza,* 1901. Pet. in-4, broché, couv. ornée en couleurs.

Couverture, titre, et ornements de *A. Giraldon* ; illustrations en couleurs hors texte et dans le texte par *Ranft,*
Tirage à 262 exempl. — L'un des 220 exempl. sur papier vélin à la cuve (N° 111).

155. **Maeterlinck** (Maurice). Pelléas et Mélisande. Illustrations de Carlos Schwab. *Paris, H. Piazza* (1924). In-8, broché, étui.

31 illustrations en couleurs, dans le texte et hors texte.
Tirage à 950 exempl. — L'un des 145 exempl. sur Japon, *avec un état en noir des illustrations* (N° 54).

156. **Maeterlinck** (Maurice). La Vie des Abeilles. Ouvrage orné de compositions en couleurs par Carlos Schwabe... *Paris, Société des Amis du Livre Moderne,* 1908. Pet. in-4, mar. brun, jans., intér. orné d'une bordure à 3 fil. avec fleur. d'angle encadrant deux grandes compositions décoratives en cuir incisé et peint (ruche aux abeilles ; abeilles et coquelicots), gardes en soie peintes (abeilles et fleurs) ; doubles gardes, t. dor., n. rogné, couv. et dos conservés, étui (*Rel. de Kieffer, décoration intérieure par* Mme *W.-R.*).

Édition recherchée tirée à 150 exempl. sur papier vélin à la forme. Celui-ci (n° 110) est *au nom de* Mme *W.-R.* Il contient le dessin original de l'illustration de la page 53, et la suite des 9 épreuves de la *décomposition des couleurs* d'une autre illustration.

157. **Maindron** (Maurice). L'Incomparable Florimond. Mœurs du temps de Louis XIII. *Paris, Alph. Lemerre,* 1912. In-12, broché.

Édition originale. — L'un des 50 exempl. sur pap. de Hollande (N° 49).

158. **Marx** (Roger). [La Loïe Fuller. Estampes modelées de Pierre Roche. 1904.] In-4. mar. blanc, dos orné, encadr. de fil. et dentelles sur les plats, dent. intér., doublure et gardes en soie à reflets, doubles gardes, fil. s. les coupes, tr. dor., étui (*Pagnant*).

Album factice contenant : le *portrait* de la Loïe Fuller et les *11 pages illustrées* de l'ouvrage, tirées à part et remontées sur feuillets grand in-4.
Le 1er f. porte une **lettre d'envoi**, adressée à Mme W.-R., écrite par l'auteur, avec sa signature, celle de *Pierre Roche* et de la danseuse *Loïe Fuller.*

159. **Mauclair** (Camille). Ames bretonnes. Trois contes illustrés por J. Wély. *Paris, H. Piazza & C*[ie] (1907). Pet. in-4, broché, couv. illustrée en couleurs, étui.

> Illustrations en couleurs dans le texte et hors texte.
> Tirage à 300 exempl. — L'un des 260 exempl. *sur papier à la cuve* (N° 154).

160. **Mauclair** (Camille). Trois femmes de Flandre. Illustrations de H. Cassiers. *Paris, H. Piazza & C*[ie] (1905). Pet. in-4, broché, couv. illustrée en couleurs, étui.

> Texte encadré ; illustrations en couleurs dans le texte et hors texte.
> Tirage à 300 exempl. — L'un des 260 exempl. *sur papier vélin à la cuve* (N° 78).

161. **Mauclair** (Camille). Les Miniatures du xviiie siècle (Portraits Femmes). *Paris, H. Piazza* (1912). In-4, broché.

> Publication de grand luxe ornée de 100 gravures en noir et en couleurs, appliquées dans le texte ou sur planches hors texte (Excellentes reproductions d'une élite de miniatures peu connues car elles appartiennent pour la plupart à des collections privées).
> Tirage à 400 exempl. — L'un des 350 exempl. sur *vélin à la forme fabriqué spécialement* (N° 124).

162. **Mauclair** (Camille). Les miniatures de l'Empire et de la Restauration. Portraits de femmes. *Paris, H. Piazza* (1913). In-4, broché.

> Cet ouvrage qui complète le précédent est orné de gravures en noir et en couleurs appliquées dans le texte ou sur planches hors texte (Reproductions de miniatures choisies pour la plupart dans des collections privées).
> Tirage à 450 exempl. — L'un des 385 exempl. sur *papier vélin à la forme* (N° 291).

163. **Maupassant** (Guy de). Imprudence. Texte [calligraphié] et dessins par Henriot. *Paris*, 1899. In-8, rel. Bradel, mar. rouge, fil., n. rogné, couv. conservée (*E. Carayon*).

> Edition illustrée en couleurs à toutes les pages.
> Imprimé à petit nombre *Aux dépens d'un ami des livres.* — Exempl. **sur papier du Japon,** *avec une suite des illustrations, tirées en noir sur papier de Chine.*

164. **Mendès** (Catulle). Hespérus. Illustrations en couleurs de Carloz Schwabe. *Paris, Soc. de propagation des livres d'art*, 1904. In-4, en feuilles, couv. illustrée, portefeuille et étui.

> Edition ornée de 34 illustrations et compositions décoratives en couleurs, sur la couverture, dans le texte et hors texte.
> *L'un des 20 exempl. réimposés in-4 pour* Les XX, *et tirés sur papier*

peau de vélin de Rives, avec une suite des 34 compositions en noir sur papier de Chine mince.

Celui-ci (N° III) contient en outre : 1° *un double état de la couverture ;* et 2° *une seconde suite* des compositions dans le texte ·et hors texte tirées sur Japon pelure, avec un carton de 2 ff. et, sur le titre, les signatures de l'auteur et de l'illustrateur.

165. Meunier (Charles). Cent reliures de la Bibliothèque Nationale. *Edité par la Société des Amis du Livre moderne,* 1914. Pet. in-4, broché, dans un portefeuille.

100 planches hors texte, avec notices, précédées d'une causerie par Ch. Meunier (Exempl. n° 110).

166. Mille (Pierre). Merveilleuses Histoires de Nasr'Eddine. Illustrations en couleurs de J. Touchet. *Paris, R. Kieffer* (1924). Pet. in-4, broché, couv. illustrée en couleurs.

Couverture, et 47 illustrations en couleurs dans le texte.
Tirage à 500 exempl. — L'un des 20 exempl. **sur papier du Japon,** contenant une *suite* en noir et une **aquarelle originale** de l'illustrateur (N° 16).

167. Mille et Une Nuits. — **Contes des Mille et Une Nuits** adaptés par Hadji-Mazem. Illustrés par Edmond Dulac. *Paris, H. Piazza* (s. d.). Pet. in-4, toile blanche, dos et premier plat ornés (*Cartonn. de l'éditeur*).

Edition ornée de *50 planches en couleurs,* montées sur papier gris.

168. Mille et Une Nuits. — **Sindbad le Marin,** et autres contes des Mille et Une Nuits, illustrés par Edmond Dulac. *Paris, H. Piazza,* 1919. In-4, broché.

Edition encadrée, ornée de 27 planches hors texte en couleurs, et tirée sur papier fort à 1500 exempl. numérotés (N° 545).

169. Mille et Une Nuits. — **La Princesse Badourah.** Conte des Mille et Une Nuits. Illustré par Edmond Dulac. *Paris, H. Piazza* (1914). In-4, broché, couv. illustrée en couleurs et or.

Texte encadré ; 10 planches hors texte en couleurs.
Tirage à 500 exempl. sur papier du Japon (N° 206).

170. Mille et Une Nuits. — **Histoire du Portefaix** avec les jeunes filles, conte des Mille et une Nuits. Traduction littérale et complète par le Dr J.-C. Mardrus. Vignettes de J. Hamman. *Paris, R. Kieffer,* 1920. In-8, broché, couv. illustrée en couleurs.

Edition ornée de 63 vignettes coloriées, sur la couverture et dans le texte.
Tirage à 550 exempl. → L'un des 50 exempl. **sur vélin à la cuve,** des Papeteries d'Arches, *avec la suite des vignettes tirées en noir,* l'un **des dessins originaux, et une aquarelle inédite de l'artiste.**

171. **Mille et Une Nuits.** — **Histoire de Douce-Amie.** Contes des Mille et une Nuits (Traduit par le Dr J.-C. Mardrus). Illustrations en couleurs de Ch. Picart le Doux. *Paris, R. Kieffer,* 1922. In-4, broché, couv. illustrée en couleurs.

> Texte imprimé en noir, et en bleu pour les fragments poétiques. — 34 illustrations en couleurs et or, sur la couverture, le titre, dans le texte et à pleine page.
> Tirage à 580 exempl. — L'un des 30 exempl. **sur vélin à la cuve,** *avec une suite des illustrations en noir,* et un **dessin original** de l'artiste (N° 29).

172. **Mistral** (Frédéric). Le Poème du Rhône en douze chants. Texte provençal et traduction française... Eaux-fortes originales de P.-L. Moreau. *Paris, R. Kieffer,* 1922. In-12, broché.

> Edition ornée de 35 eaux-fortes tirées dans le texte (une hors texte).
> Tirage à 230 exempl. — L'un des 20 exempl. contenant **3 états des eaux-fortes.** Celui-ci contient en outre *une planche refusée,* en 2 états (N° 13).

173. **Mistral** (Fréd.). Mirèio. Pouèmo prouvençau. — Mireille. Poème provençal, illustré par Jean Droit. *Paris, H. Piazza* (1923). Pet. in-4, 2 vol.; brochés, en étui.

> Texte encadré; le second volume réservé à la traduction, est orné de 42 illustrations en couleurs dans le texte et hors texte.
> Tirage à 925 exempl. — L'un des 125 exempl. **sur Japon** *avec un état en noir des illustrations* (N° 102).

174. **Molière.** Le Bourgeois gentilhomme. Bois originaux de F. Siméon. *Paris, R. Kieffer,* 1922. Pet. in-8, broché.

> Edition ornée de 16 bois dans le texte et hors texte, les planches hors texte tirées en camaïeu.
> Tirage à 550 exempl. — L'un des 35 exempl. **sur Japon ancien à la forme,** *avec une suite des bois sur Japon pelure* (N° 42).

175. **Molière.** Le Malade imaginaire. Vignettes en couleurs de Joseph Hémard. *Paris, R. Kieffer,* 1921. In-8, broché, couv. illustrée en couleurs.

> Couverture, et 87 illustrations en couleurs dans le texte.
> Tirage à 550 exempl. — L'un des 450 sur papier vélin, avec une *suite en bistre* et **un des dessins originaux** (N° 98).

176. **Molière.** Monsieur de Pourceaugnac. Comédie-Ballet en trois Actes. Illustrations de Joseph Hémard. *Paris, R. Kieffer,* 1921. In-8, broché, couv. illustrée en couleurs.

> Couverture, et 43 vignettes en couleurs dans le texte.
> Tirage à 560 exempl. — L'un des 40 exempl. **sur Japon** avec un **dessin original** de *J. Hémard,* et une *suite en noir.* (N° 56).

177. Molière. Le Sicilien. Compositions en couleurs gravées en taille-douce par Drésa. *Paris, Société des Amis du Livre Moderne,* 1914. Pet. in-4, en ff. dans un portefeuille.

> Edition tirée à 150 exemplaires. — L'un des 125 exempl. réservés aux membres de la Société : N° 110 imprimé **sur papier du Japon**, et contenant les planches en **4 états.**

178. (Morte d'Arthur). The birth, life, and acts of King Arthur, of his noble Knights of the Round Table, their marvellous enquest and adventures the achieving of the San Greal and in the end le morte d'Arthur with the dolorous death and departing out of this world of them all. The text as written by sir Thomas Malory, and imprinted by William Caxton... (1485) and now spelled in modern style. With an introduction by professor Rhys and embellished with many original designs by Aubrey Beardsley (*London, J. M. Dent,* 1893). In-4, 2 vol. ; cartonn. Bradel demi-percal., t. jasp., n. rogné.

> Edition ornée de 2 frontispices, de nombreuses vignettes et planches hors texte d'après les dessins d'Aubrey Beardsley. — Exempl. sur papier ordinaire (Tirage total à 1800 exempl.).

179. Murger (Henry). Scènes de la Vie de Bohème. Illustrations en couleurs de Joseph Hémard. *Paris, R. Kieffer,* 1921. Pet. in-8, broché, couv. illustrée en couleurs.

> Edition ornée de 60 vignettes en couleurs tirées dans le texte, et de 2 pages fac-similé, hors texte.
> Tirage à 550 exempl. — L'un des 50 exempl. **sur vélin de cuve B. F. K. de Rives,** avec une *suite en noir* de toutes les illustrations et une aquarelle originale de *J. Hémard* (N° 2).

180 Musset (Alfred de). Les Nuits. Préface par Edmond Haraucourt (*Paris, Meynial,* 1911). Gr. in-8, mar. bleu foncé, dos jans., premier plat orné de fil. à froid, et d'étoiles à fil. dor. semées irrégulièrement dans un grand ovale de petites étoiles dor., motif à froid au centre du second plat et 4 étoiles à fil. dor. aux angles ; intér. encadré d'un fil. dor. et doublé de deux grands cuirs peints et incisés décorés chacun de 4 motifs aux feuilles de houx, gardes en soie vert pâle, doubles gardes, t. dor., n. rogné, couv. et dos conservés, étui (*Rel. de Kieffer, décoration intérieure par Mme W.-R.*).

> Edition établie par *H. Couderc de Saint-Chamant;* ornée d'un frontispice, de planches hors texte et de vignettes en couleurs par L.-O. Merson, avec ornements variés et encadrements par Giraldon.
> Tirage à 160 exempl. — L'un des 20 exempl. **sur papier du Japon** contenant : 1° une suite des eaux-fortes et des bois **tirée à part,** et 2° une suite des eaux-fortes **en trois états** : eau-forte pure sur le vélin de l'édition, en noir avec remarque (sans encadrement), et en couleur avec remarque (sans encadrement) (N° 11).

181. Musset (Alfred de). Le Rhin allemand, avec la musique de Félicien David. Réponse à la chanson de Becker. Illustrations décoratives de André Domin. *Paris, Crès et Cie*, 1917. In-8, broché, couv. illustrée.

> Edition tirée à 500 exempl. — L'un des 50 exempl. sur Japon, avec tirage à part des illustrations (N° 49).

182. Musset (Alfred de). La Nuit vénitienne. Fantasio. Les Caprices de Marianne. Illustrations de U. Brunelleschi. *Paris, H. Piazza* (1913). In-4, broché, couv. en couleurs et or.

> Texte encadré ; 20 planches hors texte en couleurs.
> Tirage à 500 exempl. *sur papier du Japon* (N° 260).

183. Ovide. Lettres d'amoureuses. Les Héroïdes. Traduction de G. Miroux. Illustrations de Manuel Orazi gravées sur bois par Perrichon. *Paris, R. Kieffer,* 1919. In-4, en feuilles. couv. illustrée en couleurs, dans un portefeuille.

> De la *Collection Eclectique*. — Edition encadrée, ornements divers, et illustrations tirées dans le texte.
> Tirage à 250 exempl. — L'un des 20 exempl. sur papier du Japon à la forme, *avec une suite sur Chine, deux suites sur Japon (tirées avec et sans fond) et un dessin original* de l'illustrateur (N° 11).

184. Paysan (André). Un Cauchemar. Suivi de quelques nouvelles. *Paris, Éditions Paul Iribe et Cie* (1913). In-8, broché.

> Edition originale tirée à 1 000 exempl. — N° 498 avec *envoi autographe de l'auteur à Mme W.-R.*

185. Péricaud (Louis). Le Pantheon des Comédiens. De Molière à Coquelin aîné. Notices biographiques de Louis Péricaud. Préface de Coquelin aîné. *Paris, E. Fasquelle,* 1922. In-12, broché.

> Ouvrage illustré de nombreux portraits.
> *L'un des 50 exempl. sur papier du Japon* (N° 21).

186. Pilon (Edmond). J.-B. Greuze, peintre de la femme et de la Jeune fille du XVIIIe siècle. *Paris, H. Piazza* (1912). In-4, broché.

> Edition ornée de 50 planches hors texte, et tirée à 300 exempl. sur Japon (N° 160).

187. Pilon (Edmond). A l'est du Soleil et à l'ouest de la Lune. Contes anciens du Nord, recueillis par Edmond Pilon et illustrés par Kay Nielsen. *Paris, H. Piazza* (1919). In-4, broché, couv. ornée en or et couleurs.

> Ces contes sont ornés de 24 planches hors texte en couleurs. — L'ouvrage a été tiré à 1 500 exempl. numérotés (N° 565).

188. Platon. Le Banquet, ou de l'Amour. (Traduction.) Orné de 26 décorations grecques en couleurs. *Paris, M. Glomeau,* 1911.

In-12, mar. brun, dos à nerfs et compart. de fil. à froid, premier plat orné d'un cuir peint et incisé avec figure de femme grecque, intér. encadré d'une petite bord. dor. à la grecque, doublé de cuir peint et incisé, gardes en soie peintes, t. dor., tr. ébarb. et dor. couv. et dos conservés, étui (*Rel. de Pagnant, décoration extérieure et intérieure par M*me *W.-R.*).

Edition de luxe à 500 exempl. — L'un des 25 exempl. **sur Japon**, contenant un **dessin original** en couleurs par *L. Lebègue* (illustration de la p. 25) *et 2 suites à part des illustrations en noir et en bistre* (N° 15). *Prospectus* de l'édition, relié à la fin.

189. **Poë** (Edgar). Les Cloches et quelques autres poèmes, traduits par J. Serruys, et illustrés par Edmond Dulac. *Paris, H. Piazza* (1913). In-4, broché, couv. ornée en or et couleurs.

Edition ornée de 28 planches hors texte en couleurs ; texte encadré, initiales et ornements variés. — Tirage à 400 exempl. sur papier du Japon (N° 297).

190. **Poe** (Edgar). Une descende dans le Maelstrom, conte... traduit en français par Charles Baudelaire. Illustré par Marc Roux. *Paris, Devambez*, (1920). In-4, broché, couv. illustrée en couleurs.

Edition ornée d'illustrations en couleurs dans le texte et hors texte, et tirée à 400 exempl. — Exempl. sur Japon [non numéroté], avec une *dédicace de l'illustrateur à M*me *W.-R.*

191. **Poe** (Edgar). Manuscrit trouvé dans une bouteille. Traduit par Charles Baudelaire. Vignettes originales en couleurs de Pierre Falké. *Paris, R. Kieffer*, 1921. In-4, broché, couv. illustrée en couleurs.

Edition tirée à 550 exempl. — L'un des 50 exempl. sur Japon impérial, avec une suite en noir et une **aquarelle** originale inédite de *Falké* (N° 1).

192. **Pouchkine** (A.). La Dame de Pique. Traduction de J. Schiffrin, B. de Schlœzer et A. Gide. Avant-propos de A. Gide. Illustrations de Vasili Choukhaeff. *Éditions de la Pléiade, J. Schiffrin & C*ie, *Paris* (1923). In-4, broché, étui.

Illustrations en couleurs dans le texte et hors texte. Edition tirée à 320 exempl. — L'un des 260 exempl. **sur papier vélin à la cuve** (N° 169).

193. **Prost** (B.). Traicté de la forme et devis comme on faict les Tournois par Olivier de La Marche, Hardouin de La Jaille, Anthoine de La Sale, etc. Mis en ordre par Bernard Prost. Enrichi de 16 planches, dont 9 doubles, coloriées au pinceau... et rehaussées d'or. *Paris, A. Barraud*, 1878. In-8, mar. bleu, dos sans nerfs, grande plaque historiée, en vieil argent repoussé, encastrée au centre du premier plat, dans un encadr. mosaïqué formé de deux

lances enlacées de banderolles et dressées à côté de 2 écus posés de part et d'autre d'un casque à deux lambrequins ; second plat encadré d'un fil. à froid, avec 4 écus mosaïqués aux angles, orné au centre d'un losange en vieil argent repoussé avec motif à l'oiseau ; encadr. intér. à 4 fil. dor., doublures et gardes en vél. peint ; t, dor., n. rogné, couv. conservée (*Rel. de Moens, décoration par Mme W.-R.*).

Ouvrage tiré à 260 exempl. — Celui-ci (n° 223) est sur papier vergé fort.

194. **Rabelais** (François). Gargantua et Pantagruel. Texte transcrit par Henri Clouzot... et illustré de 525 vignettes par Joseph Hémard. *Paris, G. Crès et Cie,* 1922. In-4, fort vol. broché.

(*Collection des Grands Livres.*)
L'un des 400 exempl. sur vélin à la forme des Papeteries de Rives (N° 226).

195. (**Rackham.**) L'Œuvre de Arthur Rackham. Ouvrage illustré de 44 planches en couleurs. *Paris, Hachette et Cie (s. d.).* In-4, vélin blanc, tr. dorée, étui (*Rel. de l'éditeur*).

L'ouvrage contient une étude sur l'artiste signée A. Q. C. et un choix de ses compositions, montées sur papier teinté.
Tirage à 460 exempl. — L'un des 60 exempl. sur papier impérial du Japon, signés par l'artiste (N° 19).

196. **Régnier** (Henri de). Le Bon Plaisir. Vignettes et eaux-fortes originales en couleurs de Drésa. *Paris, R. Kieffer,* 1917. In-4, broché, couv. illustrée en couleurs.

21 eaux-fortes hors texte en couleurs.
Tirage à 250 exempl. — L'un des 20 exempl. (sur papier vélin à la forme) contenant les eaux-fortes en 3 états, une suite des vignettes en tirage à part, et une aquarelle originale de l'illustrateur (N° 6).

197. **Régnier** (Henri de). La Cité des Eaux. Eaux-fortes originales de Ch. Jouas. *Paris, Aug. Blaizot, et R. Kieffer,* 1912. In-4, broché.

Texte encadré ; 37 planches hors texte.
Edition de la « *Collection Eclectique* » tirée à 250 exempl. sur papier à la forme, contenant 3 états des eaux-fortes et une aquarelle originale de l'artiste (N° 4).

198. **Régnier** (H. de). La Courte vie de Balthazar Aldramin, vénitien. Compositions de R. Deygas, gravées à l'eau-forte par X. Lesueur. *Paris, F. Ferroud (s. d.).* In-8, broché.

Edition ornée de 14 eaux-fortes dans le texte et hors texte.
Tirage à 250 exempl. — L'un des 50 exempl. sur Japon *avec deux états des eaux-fortes* (N° 37).

199. **Régnier** (H. de). Esquisses vénitiennes. Avec 10 planches hors texte, gravées en taille-douce & des dessins dans le texte par Maxime Dethomas. *Paris, Collection de l'Art Décoratif...* 1906. In-4, cartonn. Bradel demi-toile, n. rogné, couv. conservée.

200. — **Le même ouvrage.** *Autre exemplaire* rel. mar. grenat jans., encadr. intér. à 2 fil. dor. avec petits points dor., doublures formées de deux grandes compositions mosaïquées en cuir peint et en mar. de divers tons, chacune est décorée d'un paysage différent, gardes en soie peintes à motifs répétés de fers de gondole, doubles gardes, fil. s. les coupes, tr. dor., couv. et dos conservés, étui (*Rel. de Pagnant, décoration intérieure par M*^me *W.-R.*).

> Cet exempl. porte sur un f. de grde l'envoi d'auteur : *A M. Charles Morice | sympathique hommage | Henri de Regnier.*

201. **Régnier** (H. de). Les Rencontres de M. de Bréot. Roman. Illustrations de Robert Bonfils. *Paris, R. Kieffer,* 1919. In-8, broché, couv. illustrée.

> 62 illustrations et ornements en couleurs dans le texte.
> Tirage à 560 exempl. — L'un des 40 exempl. sur vélin de cuve contenant une *suite en noir* (N° 24).

202. **Régnier** (Henri de). La Sandale ailée. Illustrations de A. Calbet. *Paris, Société des Amis du Livre moderne,* 1914. In-4, broché, couv. illustrée, enveloppe et étui.

> Édition ornée de 19 illustrations en couleurs dans le texte et hors texte.
> Tirage à 150 exempl. — Exempl. n°. 110 (imprimé *au nom de M*^me *W.-R.*) avec les illustrations en deux états, et contenant les dessins originaux de 4 en-têtes et culs-de-lampe.

203. **Reiber** (Em.). Les Propos de Table de la Vieille Alsace. Illustrés... de dessins originaux des anciens maîtres alsaciens. Œuvre de réconfort ajustée à l'heure présente, traduite, annotée et enrichie de compositions nouvelles par Emile Reiber... *Imprimé à Paris par R. Engelmann, se vend chez H. Launette...* 1886. In-4, broché, couv. illustrée.

> Texte encadré; nombreux fac-similés de bois anciens.
> Tirage à 700 exempl. — L'un des 100 exempl. sur papier du Japon des Manufactures Impériales (N° 87).

204. **Le même ouvrage.** Autre exemplaire sur Japon impérial (N° 80). Rel. en cuir fauve, dos à nerfs orné de ceps de vigne poussés à froid, plats recouverts de grands panneaux d'écaille encastrés sur fond d'émail pourpre, décorés de trois motifs à rinceaux et chimères sculptés à jour, petite bordure et fil. à froid, bords biseautés; intér. encadré de dent. à froid, doublures et gardes peintes sur vélin, t. dor., n. rogné, couv. et dos conservés,

N° 204. — *Reiber*. Propos de table.

étui doublé de chamois (*Rel. de Moens, décoration extérieure par Mme W.-R.*).

205. **Renan** (Ernest). Le Broyeur de lin. Avec *Préface des Souvenirs d'Enfance et de Jeunesse*. Vingt-sept eaux-fortes originales de Ed. Rudaux. *Paris, L. Carteret et Cie*, 1901. In-8, mar. bleu, dos orné en long, premier plat orné d'une aquarelle originale encadrée de 2 fil. dor. avec fleur d'angle, dent. intér., fil. s. les coupes, n. rogné, couv. et dos conservés, étui (*Rel. de Durvand, aquarelle par Mme W.-R.*).

> Edition tirée à 300 exempl. — L'un des 250 exempl. sur papier vélin (N° 234).

206. **Renan** (Ernest). Patrice. Avec illustrations d'après Ary Renan, reproduites par l'héliogravure. *Paris, Calmann Lévy*, 1908. Pet. in-8, mar. vert, jans., encadr. intér. à fil. dor. et fleur. mosaïq., doublures de cuir peint et incisé à décor de branches de gui, t. dor., n. rogné, couv. et dos conservés, étui doublé de chamois (*Rel. de Moens, décoration intérieure par Mme W.-R.*).

207. **Rhune** (Michel). L'Ile enchantée. Contes d'après Shakespeare, illustrés par Edmond Dulac. *Paris, H. Piazza & Cie* (*s. d.*). In-4, toile chagr. noire, plat illustré (*Cartonn. de l'éditeur*).

> 40 planches hors texte en couleurs, montées sur papier teinté.

208. **Richepin** (Jean). Prologue pour la réouverture de la Comédie-Française, le samedi 29 décembre 1900... *Hommage de E. Fasquelle, éditeur* (Paris, 1900). Plaquette in-8, oblong, brochée.

> Fac-simile du ms. original, non mis dans le commerce.
> Exempl. sur peau de vélin, *imprimé spécialement pour M. W.-R. Président du Conseil.*

209. **Richepin** (Jean). Les Litanies de la Mer. Aquarelles originales d'après Henri Caruchet. *Paris, Imprimé pour Albert Bélinac...* 1903. In-4, cartonn. Bradel demi toile, couv. conservée, n. rogné.

> Ed. imprimée en noir et rouge et ornée à toutes les pages de compositions en couleurs, or et argent.
> L'un des rares exemplaires **sur Japon**, celui-ci est imprimé au nom de *Mme W.-R.*

210. **Rivière** (P.-Louis). Poh-Dèng. Scènes de la vie siamoise. Illustrations de H. de La Nézière. *Paris, H. Piazza* (1913). Pet-in-4, broché, étui.

> Texte encadré ; 51 illustrations en couleurs et or, dans le texte et hors texte.
> Tirage à 350 exempl. — L'un des 288 exempl. sur papier vélin à la cuve (N° 162).

211. **Robert** (Louis de). Le Roman du Malade. *Paris, E. Fasquelle,*
1911. In-12, cuir, plats ornés de deux paysages peints et incisés,
t. dor., n. rogné, couv. conservée (*Décoration extérieure par
M*^{me} *W.-R.*).

> Edition originale.
> Exemplaire non numéroté **sur papier du Japon**, réservé par
> l'éditeur à Mme W.-R.

212. **Ronsard.** Poésies de Ronsard. *Paris, H. Piazza* (1924). In-16,
broché.

> Couverture, titre, et ornements variés par P. Courtois. L'un des
> 250 exempl. **sur papier Japon** (N° 100).

213. **Rosenthal** (Léonard). Au royaume de la Perle. Illustrations de
Edmond Dulac. *Paris, H. Piazza,* 1920. In-4, broché, couv. pap.
fantaisie avec étiq. impr.

> 10 planches hors texte en couleurs et or.
> Tirage à 1500 exempl. — L'un des 250 exempl. avec une *suite des
> planches en couleurs non encadrées* (N° 12).

214. **Rosenthal** (Léonard). Au Jardin des Gemmes. Illustrations de
Léon Carré. *Paris, H. Piazza (s. d.).* In-4, broché.

> Ouvrage orné de 12 planches hors texte en couleurs, argent et
> or. — L'un des 250 exempl. du tirage de luxe, **sur papier du Japon,**
> avec une *suite à part des 12 planches tirées en couleurs sans encadrements*
> (N° 70).

215. **Rostand** (Edmond). L'Aiglon. Drame en six actes en vers...
Paris, E. Fasquelle, 1900. Pet. in-8; chagr. poli vert foncé, dos
orné, double encadr. de fil. et semis d'aigles sur les plats, bordure
intér., t. dorée, n. rogné, couv. conservée, étui (*Moens*).

> Edition originale.
> Exempl. **sur papier du Japon** avec portrait de Sarah Bernhardt par
> Louise Abbema, et couv. de Lalique (*Imprimé spécialement pour
> M*^{me} *W.-R.*).

216. **Rostand** (Edmond). L'Aiglon. Drame en six actes en vers.
Représenté pour la première fois au Théâtre Sarah Bernhardt le
15 mars 1900. *Paris, E. Fasquelle,* 1900. Pet. in-8, cartonn. Bradel
demi-toile verte, coins, t. jasp., n. rogné, couv. conservée.

> Edition originale. — Avec cet envoi autographe de l'auteur sur
> le faux titre :
>
> *à M. W.-R.*
> *Hommage de haute admiration*
> *et de profonde gratitude.*
> *Edmond Rostand.*

217. **Rostand** (Edmond). Chantecler. Pièce en quatre actes, en vers... *Paris, Eugène Fasquelle*, 1910. In-8, broché, couverture en cuir souple, 1er plat orné en relief par R. Lalique.

> Edition originale. — Exempl. sur papier impérial du Japon, *imprimé spécialement pour* Mme *W.-R.*

218. **Samain** (Albert). Au Jardin de l'Infante. Compositions de Carlos Schwabe, gravées sur bois par J. C. G. M. Beltrand. *Le Livre Contemporain, Paris*, 1908. Pet. in-4, en feuilles, dans un étui.

> Edition décorée d'ornements variés à toutes les pages et de 10 illustrations hors texte en couleurs.
> Tirage à 120 exempl. par les membres de la Société *Le Livre contemporain*. Celui-ci, n° 93, au nom de *M. Poussielgue-Rusand*, contient *3 essais du frontispice.*

219. **Samain** (Albert). Hyalis, le petit Faune aux yeux bleus. Eaux-fortes et bois gravés originaux de C. Picart Le Doux. *Paris, A. Blaisot; R. Kieffer...*, 1909. In-8, mar. vert bleu, dos jans., premier plat orné d'un cuir peint et incisé, décoré de la figure de Hyalis soufflant dans ses pipeaux, un autre cuir plus petit est encastré plus bas; sur le second plat, petit médaillon formé d'un cuir encastré décoré d'une branche de chêne sur fond d'or; encadr. intér. à 3 fil. avec fleurons d'angle, doublures en cuir incisé et peint, décorées de deux paysages différents, gardes en soie ornées d'un paysage à l'aquarelle, doubles gardes, t. dor., n. rogné, couv. et dos conservés, étui (*Rel. de R. Kieffer, décoration extérieure et intérieure par* Mme *W.-R.*).

> Edition de la « *Collection Eclectique* », tirée sur papier vélin fort à 100 exemplaires contenant **3 états** des eaux-fortes, dont l'eau-forte pure, et un tirage à part des bois sur papier de Chine.
> Cet exemplaire (n° 97) est enrichi d'une **grande aquarelle originale** de l'artiste, faite pour l'édition, mais non utilisée.

220. **Samain** (Albert). Au Jardin de l'Infante, augmenté de plusieurs poèmes. — Le Chariot d'Or. — Aux Flancs du Vase, suivi de Polyphème et de Poèmes inachevés. — Contes (Xantis, Divine Bontemps, Hyalis, Rovère et Angisèle). *Paris, Mercure de France...*, 1911-1912. In-8, 4 vol., brochés.

> Chaque volume est orné d'un frontispice par Aug.-H. Thomas.
> Edition tirée à 550 exempl. — L'un des 50 exempl. **sur papier du Japon** (N° 5).

221. **Schreiner** (Olive). Rêves. Traduction de Madame H. Mirabaud Thorens. Préface de Mademoiselle Marie Diemer. Illustrations de Carlos Schwab. *Paris, A. Blaizot..*, (*s. d.*). In-4, en feuilles, dans un portefeuille.

> 20 illustrations dans le texte et hors texte.
> Tirage à 1 100 exempl., dont 100 sur Japon. — Celui-ci est l'un des exempl. imprimés **sur Japon** pour M. Carlos Schwab qui a signé, au-dessous de la première gravure, une *dédicace* à Mme W.-R.

222. **Sem.** Quelques croquis de guerre. 25 dessins, croquis et aquarelles par Sem. *Paris, Devambez (s. d.).* In-fol., en ff. dans le
portefeuille pleine toile de l'éditeur.

> Deuxième album (25 planches en noir et en couleurs).
> Tirage à 285 exempl. — L'un des 250 exempl. sur *papier vélin
> d'Arches* (N° 91).

223. **Sermon** (Le) **sur la Montagne,** illustré par Eugène Burnand,
d'après ses cartons originaux composés pour les verrières de
l'église de Herzogenbuchsee (Suisse)... *Paris, Berger-Levrault...*
1914. In-4, broché, couv. illustrée en couleurs.

> Frontispice ; illustrations en couleurs tirées dans le texte.
> *Exempl. n° 211 sur papier satiné.*

224. **Shakespeare.** Le Songe d'une nuit d'été. Illustré par Arthur
Rackham, R. W. S. *Paris, Hachette,* 1909. In-4, vélin blanc, plat
illustré, t. dor. (*Rel. de l'éditeur*).

> Edition ornée d'illustrations dans le texte et de 40 planches hors
> texte en couleurs, montées sur papier teinté.
> Tirage à 330 exempl. — L'un des 300 sur *papier vélin à la forme*
> (N° 163).

225, **Sliman ben Ibrahim Bamer.** Mirages. Scènes de la vie arabe.
Compositions de E. Dinet, commentées par Sliman ben Ibrahim
Bamer. *Paris, H. Piazza et Cie* (1906). Pet. in-4, mar. rouge, dos
à 4 nerfs et motifs mosaïqués, plats ornés au centre d'un motif
d'arabesques mosaïq. en mar. bleu dans un encadr. de 1 fil. à froid
avec fleurs mosaïq. aux angles, entouré d'une bande de mar. bleu
entrelacée aux angles ; intér. bordé de mar. et encadré de 3 fil. et
fleur. dor., doubles gardes en pap. doré, t. dor., n. rogné. couv.
et dos conservés, étui (*R. Kieffer*).

> Edition illustrée en couleurs ; tirée à 400 exempl. — L'un des
> 348 exempl. *sur papier vélin à la cuve* (N° 158).

226. **Sliman ben Ibrahim.** El Fiafi oua el Kifar, ou Le Désert.
Illustrations en couleurs de E. Dinet. *Paris, H. Piazza* (1911). Pet.
in-4, broché, couv. ornée en couleur, et or, enveloppe dos mar.
vert, étui.

> Texte encadré ; 2 pl. de calligraphie arabe, titres et initiales en
> couleurs et or, et 41 illustrations en couleurs dans le texte et hors
> texte.
> Tirage à 450 exempl. — L'un des 60 exempl. **sur Japon** *avec un état
> en noir des illustrations* (N° 35).

227. **Soulages** (Gabriel). L'Idylle Vénitienne. *Paris, G. Crès & Cie,*
1913. Pet. in-12, veau blond, jans., t. dor., n. rogné, couv. conservée.

228. Soumé Tcheng. Souvenirs d'Enfance et de Révolution. Transcrits par B. van Vorst. [Mme Hugues Le Roux.] *Paris, Payot et Cie,* 1920. In-12, broché, étui.

> EDITION ORIGINALE. — L'un des 50 exempl. sur papier Lafuma (N° 44).
> *Dédicace de Mme Hugues Le Roux à Mme W.-R., sur un f. de garde.*

229. Souvestre (Emile). Le Foyer breton. Contes et récits populaires. Illustrations et gravures par André Dauchez. *Imprimé pour les membres de la Société des Amis du Livre Moderne, Paris, 1900.* In-4, en feuilles, dans un portefeuille.

> Couverture illustrée, frontispice, vignettes dans le texte, et 25 planches hors texte, le tout gravé à l'eau-forte.
> Tirage à 150 exempl. sur papier à la forme. Exempl. n° 110 imprimé au nom de *Mme W.-R.*

230. Spenser. The First [II, III, IV, V, VI] Book of the Faerie Queene... by Edmund Spenser, edited by Thomas J. Wise, and portrayed in a series of desings by Walter Crane. *London, George Allen, Ruskin House...* 1894-1896. In-4, 6 vol. ; percal. bleue, plats illustrés, non rogné, couv. conservée (*Cartonn. de l'éditeur*).

> Belle édition ornée de nombreuses vignettes dans le texte et planches hors texte dessinées par WALTER CRANE.
> Tirage à 1 000 exempl. sur papier à la forme.

231. Stendhal. Le Rouge et le Noir. Chronique du XIXe siècle. Orné de vignettes de Quint. *Paris, G. Crès et Cie,* 1922. In-4, broché, couv. illustrée.

> Collection « *Les Grands Livres* ».
> L'un des 25 exempl. **sur papier vélin à la forme, avec une aquarelle inédite de** *Quint* (N° 7).

232. Stendhal. De l'Amour. Bandeaux, lettrines, et cabochons dessinés spécialement par Aug. H. Thomas. *Paris, R. Kieffer* (1924). In-16, 2 vol., brochés, couv. en bleu et or.

> Collection de « *L'Amour des Livres* ».
> Tirage à 1 050 exempl. — L'un des 50 exempl. **sur Japon impérial** (N° 31).

233. Thalasso (A.). Déri Sé'Adet ou Stamboul, porte du bonheur. Scènes de la vie turque. Illustrations de F. Zonaro. *Paris, H. Piazza et Cie* (1908). In-8, broché, couv. en couleurs, étui.

> Texte encadré ; illustrations en couleurs et or dans le texte et hors texte.
> Tirage à 300 exempl. — L'un des 258 exempl. sur papier vélin à la cuve.

234. **Théocrite.** Les Pastorales. Traduites intégralement par Gabriel Soulages. Bois originaux de J.-B. Vettiner. *Paris, R. Kieffer,* 1923. In-4, broché, couv. illustrée.

> Edition ornée de 41 gravures sur bois.
> Tirage à 500 exempl. — L'un des 50 exempl. sur papier vélin teinté, avec une *suite des bois sur Japon pelure* (N° 30).

235. **Theuriet** (André). Bouquet de Fleurs. Illustrations de Emile Monchau. *Paris, F. Ferroud (s. d.),* Pet. in-4, broché, couv. illustrée en couleurs.

> Edition ornée d'encadrements variés à décor floral, en couleurs et or. — Tirage à 1 000 exempl. sur papier glacé (N° 833).

236. **Toussaint** (Franz). Le Jardin des Caresses, traduit de l'arabe. Illustrations de Léon Carré. *Paris, H. Piazza* (1914). In-4, broché, couv. gaufrée en bleu et or, étui.

> Edition décorée à toutes les pages d'encadrements et de motifs orientaux en bleu, rouge et or ; frontispice, titre, et 20 planches hors texte en couleurs et or.
> Tirage à 500 exempl. — L'un des 100 exempl. sur Japon impérial, *avec une suite en noir des illustrations* (N° 5).

237. **Valéry** (Paul). Album de Vers anciens, 1890-1900. *Paris, A. Monnier et Cⁱᵉ,* 1900. Pet. in-4, broché.

> *(Cahier des Amis des Livres,* n° 5.)
> EDITION ORIGINALE tirée à 1 150 exempl. — Celui-ci (n° 443) est sur papier alfa vergé.
> Cette plaquette réunit les *Vers anciens* publiés de 1890 à 1900 dans diverses revues, et contient en outre 2 poèmes et une page de prose publiés ici pour la première fois.

238. **Vallès** (Jules). Jacques Vingtras. — L'Enfant. Edition illustrée de 12 eaux-fortes par Renouard. *Paris, A. Quantin,* 1884. In-8, demi-mar. grenat, jans., coins, t. dor., n. rogné.

239. **Verlaine** (Paul). La Bonne Chanson (Illustrations de Paul Guignebault.) *Paris, A. Messein,* 1914. — Poèmes Saturniens (Illustrations de H. Bouché-Leclercq). *Ibid.,* 1914. — Fêtes galantes (Croquis et vignettes de Robert Bonfils). *Ibid.,* 1915. — Romances sans paroles (Illustrations de Ch. Picard Le Doux). *Ibid.,* 1920. — Parallèlement (Illustrations de R. Drouart). *Ibid.,* 1921. — Jadis et Naguère (Illustrations de L. Voguet). *Ibid.,* 1921. — Amour (Illustrations de Th. Hummel). *Ibid.,* 1922. — Bonheur (Illustrations de Paul Peltier). *Ibid.,* 1923. — Chansons pour Elle (Illustrations de G. Assire). *Ibid.,* 1923. — Liturgies intimes (Illustrations de Quint). *Ibid.,* 1923. — Amour (Illustrations de Th. Hummel). *Ibid.,* 1922. — Sagesse (Illustrations de Daniel Girard). *Ibid.,* 1924. — Elégies (Illustrations de André Cahard). *Ibid.,* 1924. —

Dans les Limbes (Illustrations de Gaston Nick). *Ibid.*, 1924. —
Ensemble 13 vol. in-8, brochés.

> Chaque volume est orné d'une couverture tirée en bistre et or et
> de nombreuses illustrations en couleurs.
> Edition tirée à 550 exempl. — L'un des 50 exempl. **sur papier du
> Japon** avec une *suite à part des illustrations* tirées en noir ou en teinte
> (N^os divers).

240. **Verhaeren** (Emile). Les Villes à Pignons. Illustrations de
H. Cassiers. *Paris, H. Piazza* (*s. d.*). Pet. in-4, broché.

> Texte encadré ; 40 illustrations en couleurs dans le texte et hors
> texte.
> Tirage à 900 exempl. — L'un des 140 exempl. **sur Japon,** *avec un
> état en noir des illustrations.*

241. **Vigny** (Alfred de). Œuvres complètes. Poésies. Edition définitive. *Paris, Delagrave* (*s. d.*). In-12, mar. bleu, dos sans nerfs,
premier plat orné d'une chauve-souris incisée et peinte, avec
pièces de métal appliquées, pet. dent. intér., n. rogné, couv. conservée, étui (*Décor. par Mme W.-R.*).

> Exempl. **sur papier du Japon,** imprimé pour M. W.-R.

242. **Vigny** (Alfred de). La Frégate « La Sérieuse », ou la Plainte
du Capitaine. Poème orné de vignettes en couleurs de Pierre
Falké. *Paris, R. Kieffer,* 1923. In-8, broché, couv. illustrée en
couleurs.

> 16 illustrations en couleurs dans le texte et hors texte.
> Tirage à 550 exempl. — L'un des 15 exempl. **sur Japon,** avec un
> **dessin original** *et une suite en bistre.*

243. **Voltaire.** L'Ingénu. Histoire véritable, tirée du manuscrit du
Père Quesnel... Vignettes de S. Sauvage. *Paris, R. Kieffer,* 1922.
In-12, carré, broché, couv. illustrée.

> Edition ornée de vignettes en couleurs dans le texte.
> Tirage à 540 exempl. — L'un des 40 exempl. **sur papier du Japon**
> *contenant une suite des illustrations sur papier de Chine* (N° 14).
> On y a joint une **aquarelle originale** inédite de S. Sauvage.

244. **Voltaire.** Micromégas. Histoire philosophique. Vignettes en
couleurs de Joseph Hémard. *Paris, R. Kieffer,* 1923. Pet. in-4,
broché, couv. illustrée en couleurs.

> Edition ornée de 48 illustrations en couleurs tirées dans le texte.
> Tirage à 500 exempl. — L'un des 50 exempl. **sur Japon** avec une
> *suite* des illustrations tirée *en bistre,* et une **aquarelle originale** inédite
> de J. Hémard (N° 17).

245. **Wagner** (Richard). L'Or du Rhin et la Walkyrie. Avec illustrations par Arthur Rackham. *Paris, Hachette et Cie (s. d.)*: In-4, vélin blanc, plat illustré, t. dorée, étui (*Rel. de l'éditeur*).

> Traduction littérale par Alf. Ernst; 54 planches hors texte en couleurs, montées sur papier teinté.
> Tirage à 330 exempl. — L'un des 300 exempl. *sur papier vélin à la forme* (N° 107).

246. **Wagner** (Richard). Siegfried et le Crépuscule des Dieux. Avec illustrations par Arthur Rackham (Traduits en prose rythmée par Alfred Ernst). *Paris, Hachette et Cie (s. d.).* In-4, vélin blanc, plat illustré, t. dor., non rogné, étui (*Cartonn. de l'éditeur*).

> 30 planches hors texte en couleurs, montées sur papier teinté.
> Tirage à 430 exempl. — L'un des 390 exempl. *sur papier vélin à la forme* (N° 146).

247. **Wilde** (Oscar). Salome. A tragedy in one act : translated from the french of Oscar Wilde, with sixteen dravings by Aubrey Beardsley. *London and New York, John Lane,* 1907. Pet. in-4, percaline verte, plat orné, t. dor., n. rogné (*Cartonn. de l'éditeur*).

> Edition rare publiée par Robert Ross et imprimée sur papier de Hollande; 16 planches hors texte.

248. **Wilde** (Oscar). — **Beardsley** (Aubrey). Salome by Oscar Wilde. (*S. l. n. d.*) In-fol., vélin blanc à ligatures, intér. orné de deux compositions en noir rouge et or, et de fleurs stylisées peintes sur doublures et gardes en vél., doubles gardes, étui (*Décoration intérieure par Mme W.-R.*).

> *Album de 17 planches* reproduisant les célèbres illustrations d'Aubrey Beardsley.

249. **Wilde** (Oscar). Salomé. Drame en un acte. *Paris, Librairie de l'Art Indépendant; Londres, E. Mathews et J. Lane,* 1893. In-16, vélin à recouvr., intér. orné de deux compositions peintes en noir et rouge sur doublure de vél., gardes en vél. décorées de glaives ensanglantés, doubles gardes, t. rouge, n. rogné, couv. conservée, étui (*Décoration intérieure par Mme W.-R.*).

250. **Wilde** (Oscar). Salomé. Drame en un Acte (Avec 16 hors texte par Aubrey Beardsley). *Paris [Carrington]. Edition à petit nombre, imprimée pour les Souscripteurs,* 1907. In-4, broché.

> Edition imprimée à Alençon, et tirée à 500 exempl. — Celui-ci (N° 27) est l'un des 100 exempl. **sur papier vergé d'Arches.**

251. **Wilde** (Oscar). Ballade de la Geôle de Reading [Texte anglais, et] transcription française de Henry.-D. Davray. *Paris, Mercure de France*, 1898. In-12, mar. noir à gros grain, jans., intér. doublé de mar. gris décoré de fleurs mosaïq. et de fil. dor. droits et courbes, gouttes de sang peintes sur les gardes en soie noire, doubles gardes, t. dor., n. rogné, couv. et dos conservés, étui (*Rel. de R. Kieffer, décoration des gardes par Mme W.-R.*).

> Première édition de cette traduction française.
> Bel exemplaire, avec cette **dédicace autographe** sur un f. de garde :
>
> à
>> *Henry Bauer :*
>> *sympathie et*
>> *reconnaissance.*
>>> *Oscar Wilde.*

252. **Wilde** (Oscar). The Ballad of Reading Gaol, by C. 3. 3. [Oscar Wilde]. *Leonard Smithers, London*, 1899. In-8, cartonn. demi-toile, non rogné.

253. **Willette** (A.). 1914. Sans Pardon. A feu! à poils! et à sang! Texte et Dessins de A. Willette. *Paris, Devambez (s. d.).* Pet. in-4, cartonn. de l'éditeur en toile cirée, dans un étui de même.

> Reproduction *fac-similé* d'un curieux album illustré de nombreux dessins en couleurs inspirés à l'artiste par les crimes allemands.
> Tiré à 3oo exemplaires (N° 45).

254. **Zola** (Emile). Les Quatre Evangiles : Fécondité. *Paris, E. Fasquelle*, 1899. In-8, 2 vol., mar. violet, dos sans nerfs, initiales R. W. R. mosaïquées sur les premiers plats, fil. intér. et sur les coupes, doublures et gardes en moire, t. dor., n. rogné, couv. conservée (*Durvand*).

> Edition originale.
> Exemplaire réimposé in-8, **sur papier du Japon**, et imprimé spécialement pour Mme W.-R., avec **dédicace autographe** de l'auteur à W.-R., sur le faux titre.

255. **Zola** (Emile). Les Quatre Evangiles : Travail. *Paris, E. Fasquelle*, 1901. In-8, 2 vol., mar. tête de nègre, dos sans nerfs, initiales R. W. R. mosaïquées sur les premiers plats, fil. intér. et sur les coupes, t. dor., n. rogné, couv. conservée (*Durvand*).

> Edition originale.
> L'un des 3o exempl. réimposés in-8, **sur papier du Japon** (N° 25).
> — Avec une **dédicace autographe** de l'auteur à W.-R., sur le faux titre.

256. **Zola** (Emile). Les Quatre Evangiles : Vérité. *Paris, E. Fasquelle*, 1903. In-8, 2 vol., mar. beige, dos sans nerfs, initiales R. W. R. mosaïquées sur les premiers plats, fil. intér. et sur les

coupes, doublures et gardes en moire, t. dor., n. rogné, couv. conservée (*Durvand*).

EDITION ORIGINALE.
Exempl. réimposé in-8, **sur papier du Japon**, et *imprimé spécialement pour M*^{me} *W.-R.*
Les N°s 254-256 pourront être réunis.

257. **Zola** (Emile). Le Rêve. Illustrations de Carloz Schwabe et L. Métivet. *Paris, Marpon et Flammarion (s. d.).* Gr. in-8, soie blanche, t. dor., n. rogné, plats illustrés en couleurs (*Cartonn. de l'éditeur*).

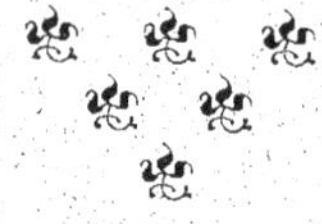

SECONDE PARTIE

OUVRAGES DIVERS
ANCIENS ET MODERNES
BEAUX-ARTS

258. **℃ Alexandri Benedicti** || physici Anatomice siue || historia
corponis hūani. || ℃ *Eiusdem collectiones* || medicinales seu
aforismi. || ℃ *Venales habentur Parisijs in officina Henrici Stephani
chal-||cographi/e regione scholarum Decretorum.* || [à la fin :]...
*Anno Domini... millesimo quin-||gentesimo quartodecimo pridie
Nonas Ianua-||rias.* — (*Paris*, 1514). In-4, veau brun, plats
estampés à froid.

> 82 ff. ch., y compris le titre, dans un encadr. historié gravé sur
> bois. Initiales ornées. Rare impression d'Henri Estienne. —
> Curieuse reliure du xvie siècle.

259. **Arts Anciens de Flandre** (Les). Publication périodique...
sous la direction de Camille Tulpinck. *Bruges, Association pour
la Publication des Monuments de l'Art flamand...* (1905-1912).
In-fol., 24 fasc. brochés, en 6 cartons de l'éditeur.

> *Tomes I-VI* de cette importante publication ornée d'un grand
> nombre de belles planches hors texte.
> L'un des exemplaires de l'édition de luxe, sur **papier de Hollande
> Van Gelder** (*Imprimé au nom de M*me *W.-R.*).

260. **Bréviaire Grimani** (Le) à la Bibliothèque Marciana de Venise.
Venise, Ongania, 1903. In-8, velours rouge, médaillon doré frappé
sur le premier plat, t. dor., non rogné (*Rel. de l'éditeur*).

> Reproduction en 122 planches des miniatures et de la reliure de
> ce célèbre manuscrit (Édition française tirée à 500 exempl.).

261. **Callot.** Varie Figvre, Gobbi di Iacopo Callot, fatto in firenza
l'anno 1616. (*cum privilegio Regis excudit Nanceij.*) Pet. album
in-12 carré, cartonn. Bradel.

> Suite de 1 titre gravé et 20 figures à l'eau-forte, remontées sur
> papier du Japon.

262. **Christian** (A.). Origines de l'Imprimerie en France. Conférences faites les 25 juillet et 17 août 1900. *Paris, Imprimerie Nationale,* 1900. In-fol., en feuilles, dans un portefeuille vélin blanc, plats encadrés de 2 fil. dor., avec milieux d'entrelacs à fil. dor. droits et courbes ; intérieur et rabats recouverts de moire.

> Les Conférences sont suivies d'une série de planches hors texte donnant *62 fac-similés* de livres anciens : titres, marques, gravures sur bois.

263. **Christian** (Arthur). Etudes sur le Paris d'autrefois. *Paris, G. Roustan ; H. Champion,* 1904-1905. In-12, 3 vol., brochés, dans un étui.

> Exemplaire **sur papier du Japon**. — Avec *dédicace* de l'auteur à *Mme W.-R.*

264. **Chronik** das ist Eyn ausserlesen Zeitbuch Darim allerley namhaffte und märckliche Händel so sich von Erschaffung der Welte .... durch Conraden von Lichtenaw... Johannsen von Trittenheym... und Michael Beuthern von Carlstatt... beschriebenen, und in Teutscher Sprache aussgangenen Chronicken zuzammen geordnet... *Getruckt zu Strassburg durch Theodosium Rihel, im jar M.D.LXVI.* — (*Strasbourg,* 1566.) In-fol., 5 part. en 1 fort vol., ais de bois recouverts de peau de truie estampée à froid, traces de fermoirs (*Rel. anc.*).

> Edition rare imprimée en gothique et ornée de *plus de 100 portraits-médaillons gravés sur bois* (Effigies d'empereurs romains). *Ces portraits ont été coloriés, à l'époque, dans cet exemplaire.*
> *Curieuse reliure du XVIe siècle.* Armoiries peintes au v° du titre.

265. **Collection Ch. Gillot.** Objets d'Art et Peintures d'Extrême-Orient dont la vente aura lieu du lundi 8 février au samedi 13 février 1904... *Paris,* 1904. In-4, cartonn. de l'éditeur.

> L'une des plus riches collections formées au xixe siècle. — Catalogue illustré d'un grand nombre de reproductions dans le texte et de planches hors texte.

266. **(Comédie italienne.)** [Types et personnages de la *Commedia dell' Arte.*] — Pet. in-8, chagr., plats peints et incisés, avec décor de poissons marins (*Mme W.-R.*).

> Album factice de 12 curieuses fig. à l'eau-forte n. signées (xviiie s.), remontées et collés à plat.

267. **Depont** (O.) et **Coppolani** (X.). Les Confréries religieuses musulmanes (publié sous le patronage de **M.** Jules Cambon gouverneur général de l'Algérie). *Alger, Adolphe Jourdan,* 1897. In-4, fort vol., broché.

> Orné de 55 gravures dans le texte, une carte, et 11 planches hors texte dont 4 en couleurs.
> Sur le faux titre, envoi de M. Coppolani à W.-R.

268. **Dupont-Auberville** (M.). Art Industriel. — L'Ornement des Tissus. Recueil historique et pratique, avec des notes explicatives et une introduction générale. *Paris, Ducher et Cie*, 1877. In-fol., en feuilles, dans un portefeuille toile rouge.

> 100 planches en couleurs avec notices.

269. **Errard et Gayet.** L'Art byzantin d'après les monuments de l'Italie, de l'Istrie, et de la Dalmatie relevés et dessinés par Charles Errard. Texte par Albert Gayet. *Paris, Soc. française d'Éditions d'art (s. d.).* In-fol., 4 vol., en feuilles dans 4 portefeuilles pleine toile.

> Ouvrage orné de nombreuses fig. dans le texte ; 1 portrait de Ch. Errard, et 109 planches h. t. en noir et en couleurs.

270. **Foord** (J.). Decorative Flower studies, for the use of artists, designers, students, and others. A series of forty coloured plates printed in fac-simile of the original drawings, accompanied by studies of détail from each subject, and descriptive notes. *London, Batsford*, 1901. In-fol., toile verte, t. dorée, plat orné (*Cartonn. de l'éditeur*).

> Recueil de documents artistiques. — 40 planches hors texte en couleurs.

271. **Foord** (J.). Decorative Plant and Flower studies, for the use of artists, designers, students and others. Containing 40 coloured plates printed in fac-simile of the original drawings ; accompanied by a description and sketch of each plant, and 450 studies of growth and detail. *London, Batsford,* 1906. In-fol., toile verte, t. dorée, plat orné (*Cartonn. de l'éditeur*).

> Recueil de documents artistiques. — 40 planches hors texte en couleurs.

272. **Galle.** Sancti fundatores religiosorvm ordinvm in ecclesia Lætiensis monasterii ordinis S. Benedicti tabellis pictis pio spectatori svpra chori sedilla positi DDQ. Svb nomine et avspiciis admodvm R. D. Antonii de Winghe abbatis et monachorvm Lætlenslvm... pvblica lvce donati. *Excvdente Theodoro Gallæo. Antverpiæ,* M.DC.XXX. — (1630). In-fol., veau brun, dos orné, 2 cadres à 3 fil. dor. avec fleur. d'angle s. les plats, dent. intér., étui (*Rel. moderne*).

> Suite de 1 frontispice, 1 titre, et 38 portraits gravés en taille-douce par *Cornelius Galle.* Belles épreuves.

273. **Gilliers.** Le Cannameliste français, ou Nouvelle instruction pour ceux qui desirent d'apprendre l'office, rédigé en forme de dictionnaire... Par le sieur Gilliers, Chef d'Office, et Distillateur de Sa Majesté le Roi de Pologne, Duc de Lorraine et de Bar. *A Nancy.*

Chez Jean-Baptiste-Hiacinthe Leclerc... et à Paris, Chez Merlin...,
1768. In-4, basane, dos orné, tr. rouges (*Rel. mod. genre ancien*).

> 1 titre-frontispice et 12 planches pliées (sur 13, la pl. 2 manque).
> — La plupart de ces planches sont consacrées à la décoration de la
> table.
> Mouillures. — Frontispice abîmé, avec petite déchirure.

274. **Grasset** (Eugène). La Plante et ses Applications ornementales.
Paris, Librairie Centrale des Beaux-Arts, E. Lévy (1896). In-fol.,
2 vol., demi-toile, plat illustré (*Cartonn. de l'éditeur*).

> 1re et 2e séries contenant 144 planches en couleurs, montées sur
> onglets.

275. **(Hayashi.)** — Dessins, Estampes, Livres illustrés du Japon
réunis par T. Hayashi... dont la vente aura lieu du lundi 2 au ven-
dredi 6 juin 1902... *Paris*, 1902. — Objets d'art et peintures de la
Chine et du Japon... 2e partie, dont la vente aura lieu du lundi 16
février au samedi 21 février 1903... *Paris*, 1903. In-4, 2 forts vol.
cartonn. Bradel, demi-toile, couv. conservée, n. rogné.

> Catologue d'une importance exceptionnelle, et très recherché des
> amateurs d'Art Japonais. — Ces 2 volumes sont ornés d'un grand
> nombre de bonnes planches hors texte, la plupart en héliogravure
> Dujardin.

276. **Histoire de l'Art du Japon.** Ouvrage publié par la Commis-
sion impériale du Japon à l'Exposition Universelle de Paris, 1900.
Paris, Maurice de Brunoff (1900). In-fol., fort vol., demi-vélin,
plats toile, le premier plat orné de motifs japonais, t. dorée (*Rel.
de l'éditeur*).

> Ouvrage publié par les soins de *Hayashi*, le célèbre collectionneur,
> rédigé par des savants japonais sous la direction de *M. Foukoutchi*,
> traduit par *M. Tronquois* et *Thiébault-Sisson*. — Un grand nombre
> d'objets d'art sont publiés pour la première fois dans ce volume
> illustré de nombreuses gravures dans le texte et de 68 planches hors
> texte en noir et en couleurs.

277. **Holbein** (Hans). L'Alfabeto della Morte. Attorniato di fregii
incisi in legno, ed accompagnato di sentenze latine e di quartine del
XVI° secolo scelte da Anatole de Montaiglon. *Parigi, presso Edwin
Tross*, 1856. Pet. in-8, rel. Bradel, mar. blanc, plats décorés de
peintures : saint aux oiseaux sur le premier, tige de lis sur le second,
dent. intér., t. dor., n. rogné (*Décoration par Mme W.-R.*).

> Edition imprimée par Firmin-Didot. — *Exemplaire sur peau de
> vélin.*

278. **Kondakoff** (N.). Histoire de l'Art byzantin considéré principa-
lement dans les Miniatures. Edition française originale, publiée par

l'auteur, sur la traduction de M. Trawinski. *Paris, Librairie de l'Art,* 1886-1891. In-4, 2 vol., brochés.

> *Exempl. sur papier de Hollande.*

279. **Loisy** (Alfred). Les Evangiles synoptiques. *Chez l'auteur, Ceffonds, près Montier-en-Der (Haute-Marne),* 1907-1908. In-8, 2 vol., demi-chagrin brun jans., n. rogné, couv. conservée.

280. **Meurer** (M.). Carreaux en faïence italienne de la fin du xv° siècle et du commencement du xvi° siècle, d'après les dessins originaux publiés par M. Meurer. *Paris, A. Quantin...,* 1885. In-fol., en feuilles dans le portefeuille de l'éditeur.

> Album de 24 planches en couleurs.

281. **Nicandri** || veteris poetae et me||dici Theriaca et Alexi-||pharmaca, cvm || scholiis, || Interprete Iohanne Lonicero. Cum gratia et priuilegio Imperiali||ad sexennium. || *Colonia opera Iohan.* || *Soteris, anno MDXXXI.* || — (1530-1531). Pet. in-4, 2 part. en 1 vol. ; peau de truie estampée à froid (*Rel du XVI° s.*).

> Edition rare (traduction latine et texte grec avec scholies). Sur le titre et au dernier f. curieuse marque avec emblème cabalistique. Initiales ornées.
> Sur le titre on remarque l'ex-libris ms. : *Sum Joannis Stenij D. medici.* — Le v° du 1ᵉʳ plat est orné d'un bel ex-libris armorié du xvii° siècle, malheureusement déchiré à moitié, en hauteur.
> Deux petits morceaux enlevés sur le 1ᵉʳ plat de la reliure.

282. **Nicholson** (William). An Alphabet. *Published by W. Heinemann, London,* 1898. In-fol. ; toile pleine, plats illustrés, tr. dor. (*Rel. de l'éditeur*).

> Suite de 1 titre et 26 planches en couleurs montées sur papier teinté (Types de la vie anglaise). On y a joint 6 portraits en couleurs par le même artiste.

283. **Picart** (Bernard). Recueil factice de 44 *vignettes et ornements typographiques* gravés au xviii° siècle par Bernard Picart. Album carré pet. in-4, mar. brun, dos orné, fil. s. les plats, dent. intér.

284. **Prisse d'Avennes.** L'Art Arabe d'après les monuments du Kaire, depuis le vii° siècle jusqu'à la fin du xviii°. *Paris, V° A. Morel et C°...,* 1877. Gr. in-fol., demi-chagrin.

> *Seulement le tome III des planches.* — (L'ouvrage complet comprend 1 vol. de texte et 3 vol. de planches.) — Ce volume contient les planches 134-200, soit 67 planches en couleurs et or reproduisant des intérieurs, meubles, vitraux, tissus, tapis, armes, cuivres, manuscrits, etc.

285. Racinet (A.). Le Costume historique. Cinq cents planches (3oo en couleurs, or et argent; 2oo en camaïeu). Types principaux du vêtement et de la parure... dans tous les temps et chez tous les peuples... avec des notices explicatives, une introduction générale et un glossaire. *Paris, Firmin-Didot,* 1888. In-4, vol., cartonn. Bradel, percal. bleue à fleurs (*Pierson*).

286. Sacre de Louis XV (Le), Roy de France et de Navarre, dans l'Eglise de Reims, le Dimanche XXV Octobre 1722. — Très gr. in-fol., dos et coins mar. rouge, dos orné aux fleurs de lys, n. rogné.

> Superbe ouvrage comprenant : un texte (rédigé par Danchet) *entièrement gravé* dans des encadrements variés, avec cartouches, en-têtes, et fleurons, et 4o planches (1 front., 9 vues de la cérémonie, 3o pl. de costumes).
> Tirage moderne de la *Chalcographie du Louvre.*

287. Sacre de S. M. l'empereur Napoléon (Le), dans l'Eglise métropolitaine de Paris, le XI Frimaire an XIII, Dimanche 2 décembre 1804. *Paris, Imprimerie impériale* (*s. d.*). Très gr. in-fol., dos et coins mar. rouge, dos orné aux aigles impériales, n. rogné.

> Album seul (sans texte), contenant 3g belles planches chiffrées, et 1 planche n. ch. pour le titre de la série des costumes. — La planche 3o manque.

288. Seguy (E.). Les Fleurs et leurs applications décoratives. *Paris, Librairie des Arts décoratifs, A. Calavas* (*s. d.*). In-fol., 2 vol., en feuilles dans les portefeuilles de l'éditeur.

> Recueil de 6o planches en couleurs.

289. Thévenin (L.). et **Lemierre** (G.). Les Arts du Livre. *Imprimé pour la Société des Amis du Livre Moderne,* 1909-1915. Pet. in-8, 4 vol., brochés.

> Tiré à 125 exempl. pour les membres de la société (N° 110).

290. Verneuil (M.P.-). Etude de la Plante. Son application aux industries d'art. *Librairie centrale des Beaux-Arts, Paris* (*s. d.*). Gr. in-4, pleine toile (*Cartonn. de l'éditeur*).

> Ouvrage illustré de 18o figures en couleurs dans le texte.

291. Verneuil (M.P.-). Encyclopédie artistique et documentaire de la Plante, publiée sous la direction de M.P.- Verneuil. Aquarelles de MM. Bailly, Colmet d'Age, de Schryver, Habert Dys, Vedy, etc. Dessins de MM. A. Mucha, Méheut, Barberis, etc. Photographies de M. Plauszewski. *Paris, Librairie centrale des Beaux-*

Arts (*s. d.*). In-fol., 4 vol. en feuilles, dans les portefeuilles de l'éditeur.

Documents d'art décoratif publiés en 48 livraisons, contenant 382 planches en noir et en couleurs.

292. **Verneuil** (M.P.-). Etoffes Japonaises tissées et brochées. Quatre-vingts planches précédées d'une préface de G. Migeon., *Paris, Librairie Centrale des Beaux-Arts...* In-fol., 4 vol., en feuilles, dans les cartons de l'éditeur.

80 belles planches en couleurs montées sur carte, donnant d'excellentes reproductions d'un choix de tissus dont une partie appartiennent à des collections privées.

293. **Verneuil** (M.P.-). L'Animal dans la Décoration. Introduction de M.-E. Grasset. *Paris, Librairie Centrale des Beaux-Arts* (1897). In-fol., demi-toile, plat illustré (*Cartonn. de l'éditeur*).

53 planches en couleurs, montées sur onglets.

TABLE DES DIVISIONS